Camarades 1

Michèle Deane
Kathy Nourse
Gill Ramage
John Connor

Camarades
Stage 1
Pupil's Book
Resource and Assessment File
Teacher's Book
Flashcards
Cassettes (4)
Design: Wendi Watson
Illustrations: Martin Berry, Jacqueline East, Linda Jeffrey

The authors and publishers would like to thank the following people, without whose support we could not have created Camarades:

Caroline Woods and **Steven Crossland**, for creating and writing the assessment programme

Bob Powell, for advice on planning and setting up a new course, and for offering constructive advice on draft material

Pam Haezewindt, for writing the IT section

Niobe O'Connor, Annie Singer, Martine Pillette and Caroline Woods for detailed advice throughout the writing

Geraldine Mark for valuable help in the shaping of the course

Emma Lerwill and Dave Newman for taking the photographs

Cathy Knill and Caroline Pugh for editing the book

The authors and publishers also acknowledge the following for permission to use photographs:

Cover photo: The Image Bank
Barrie Smith, French Picture Library (clown, page 71; shark trailer, page 86 (a); circus, page 86 (d); Marseille port, page 118; Reims Cathedral, page 122)
Mirror Syndication International (parachuting, page 3; underground in gold mine, page 48)
The Royal Observatory, Edinburgh (supernova, page 48)

Recorded at Post Sound Ltd., London by Yves Aubert, Thierry Lefever, Diane Meunier, Carolle Rousseau, Marie-Virginie Dutrieu, Sebastian Dutrieu, Sebastian Korwin, Sophie Pageon, Pascal Tokunaga and Anne-Claire Vanfleeteren under the direction of Daniel Pageon; produced by Peter Posthumus.

All rights reserved. No part of this publication may be reproduced, stored in a retrieval system, or transmitted in any form or by any means, electronic, mechanical, photocopying, recording or otherwise without prior permission in writing from the publishers.

© Mary Glasgow Publications 1996
First published 1996
ISBN 0 7487 2337 4

96 97 98 99 00 / 10 9 8 7 6 5 4 3 2 1

Mary Glasgow Publications
An imprint of Stanley Thornes (Publishers) Ltd.
Ellenborough House
Wellington Street
Cheltenham
GL50 1YW

Printed and bound in Hong Kong

Table des matières

Carte de l'Europe francophone	iv
Introduction	1
Unité 1: Copains et copines	2
Unité 2: Le problème de Jérôme Leclerc	26
Unité 3: Les loisirs	50
Unité 4: Cage ou liberté	74
Unité 5: On déménage	98
Unité 6: Le voyage de classe	122
Grammaire	146
Glossaire: French/English vocabulary	152
Glossaire: English/French vocabulary	154
La date	156
Vocabulaire pour la classe	156

France en Europe

Introduction

Bonjour, Camarades!

We hope you understand our greeting and that you are going to enjoy learning French with **Camarades**.

You will notice that **Camarades** is written in French. But don't worry! The message is:

Pas de panique!

Did you work out what this means? It means "Don't panic!"

▶ You are already developing strategies to understand, and throughout the book, there are **Strategy boxes** to help you learn ways to understand and remember French.

▶ The book is written in units, each of which has a story line.

▶ At the end of each unit there is a page called **Atelier** with fun activities to help you revise.

▶ There is also a page, **Que sais-tu?** which enables you to test yourself and work out what you know or need to revise.

▶ To help you find your way around the book we have used symbols to help you work out what you have to do:

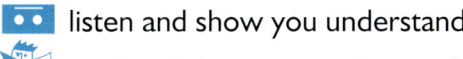 listen and show you understand    speak

 read and show you understand    write

▶ Some exercises are graded :

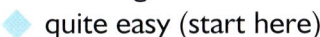 quite easy (start here)    more demanding

▶ New words and phrases are clearly shown on the page using this symbol :

- Make sure you understand these. If you are not sure, check in the vocabulary section in the back of the book.
- Learn them.
- Use them as often as you can.

▶ A language has a framework – or a skeleton, if you prefer – called "Grammar". Grammar is important. It cements words together so that they mean something. Quite often you will be able to discover the patterns and rules by yourself; sometimes, you will need help from your *camarades* (friends) or your teacher. On many pages, you will find the following symbol for grammar:

- Try to understand how the pattern works.
- Learn the examples by heart.
- For more information look at the grammar section at the back of the book. This is written in English and is designed to help you write better and longer sentences.

Enjoy French and **Camarades**.

Bon courage!

UNITÉ 1 — Copains et copines

A Le français au Royaume Uni

à Bath

à la maison

à Canterbury

à Belfast

à Londres

à Liverpool

2 deux

Copains et copines

parachute
à Cardiff

à Cheltenham

à Folkestone

à Ipswich

à Edimbourg

 1 • Ecoute et montre.

 2 • Ecoute et répète.

3 **D'autres mots français**
- Ecris des mots français trouvés en Grande Bretagne.
- Découpe des images dans des magazines.
- Illustre les mots avec les images.

10.00 Grand Prix
Highlights of this afternoon's San Marino Grand Prix from Imola. Nigel Mansell makes his delayed return to Grand Prix racing in his new Mclaren

dans le magazine de télévision

trois **3**

OBJECTIFS :

Communication
*Bonjour.
Comment tu t'appelles?*

B **On arrive au camp de vacances**

I **Bonjour et au revoir!**
- Travaille avec un(e) partenaire.
- Ecoute bien.
- Fais l'action.
- Montre la bonne image.

Bonjour!

Au revoir!

4 quatre

Copains et copines

 2
- Regarde les photos.
- Ecoute bien.
- Note la photo.
  exemple : **1 = c**

 **a** *Annie*

 **b** *Nguyen*

 **c** *Jérôme*

 **d** *Dalila*

 3
- Travaille avec un(e) partenaire.

A *Comment tu t'appelles?*

B *Je m'appelle James. Comment tu t'appelles?*

A *Je m'appelle Robert.*

- Change de rôle.

 4 Et toi?
- Répète l'exercice avec cinq autres personnes.

A *Bonjour. Je m'appelle Robert. Comment tu t'appelles?*

B *Bonjour, Robert. Je m'appelle David.*

A *Au revoir, David.*

B *Au revoir, Robert.*

cinq **5**

OBJECTIFS :

Communication
Comment ça s'écrit?

 Quelle tente?

 **L'alphabet français**

• Ecoute et répète.

miniscules   MAJUSCULES

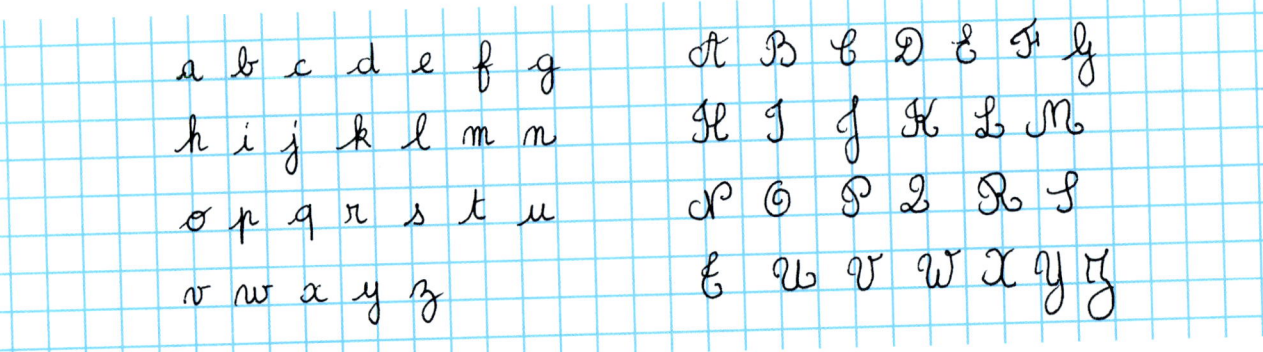

6   six

Copains et copines

2 • Ecoute les groupes de sons.

• Répète.

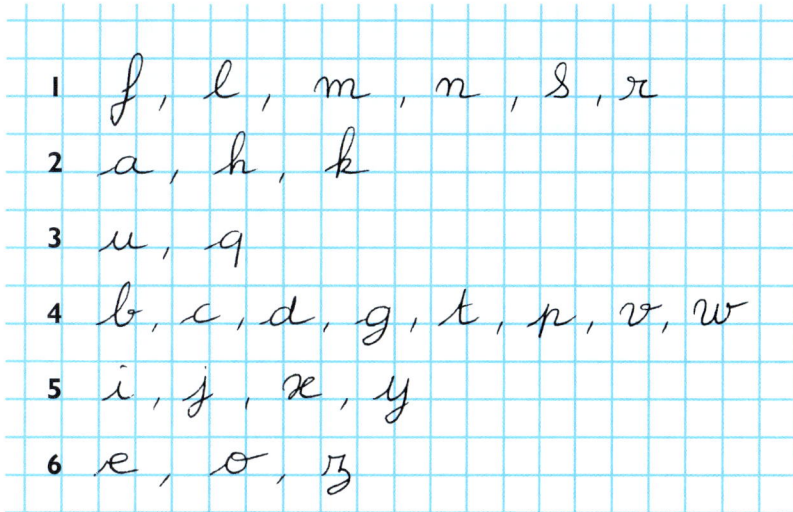

3 • Regarde les photos.
• Ecoute bien.
• Montre la bonne photo.

    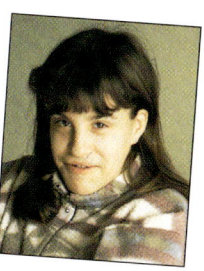

Nathanaël *Nadja* *Nathalie* *Nadège*

4 • Travaille avec un(e) partenaire.

A   Comment ça s'écrit?

N ... A ...   B

A   Nadège?

Non, N ... A ... T ...   B

A   Nathalie?

Non, N ... A ... T ... H ... A ... N   B

A   Nathanaël?

Oui, bravo!   B

• Change de rôle.

6 • Copie les prénoms sur les badges.
• Fais un badge pour toi-même.

5 • Travaille avec un(e) partenaire.
• A : Epèle ton nom.
• B : Ecoute ton/ta partenaire. Ecris le nom.

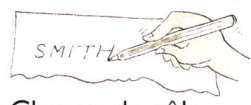

• Change de rôle.

sept **7**

ATELIER

1 Rap franglais
- Ecoute et répète.

*Bonjour, parlez-vous français? En français comme en anglais:
Resto-resto-restaurant, miam, miam, miam, un croissant!
Un garage, un parachute, un café et un menu
Magnifique à la disco, oh, là, là, un gâteau!
Je suis cool, je parle français - la baguette, le fromage frais,
Le tennis, la coiffure, les bonbons, c'est super!
à Edimbourg, Canterbury, français au Royaume Uni;
En français comme en anglais, c'est super-cool, parler français!*

2
- Ecoute et répète.
- Montre les groupes de sons.

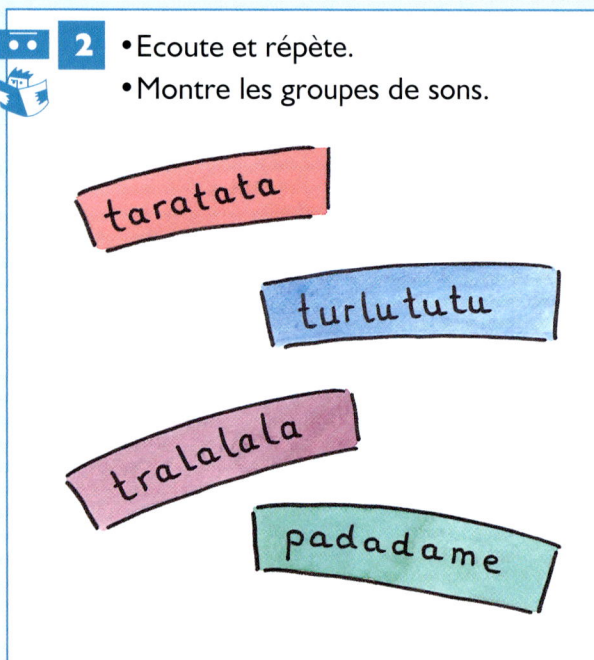

3
- Ecoute et répète.
- Ecris les sons :
  ♦ en écriture anglaise.
  ♣ en écriture française.

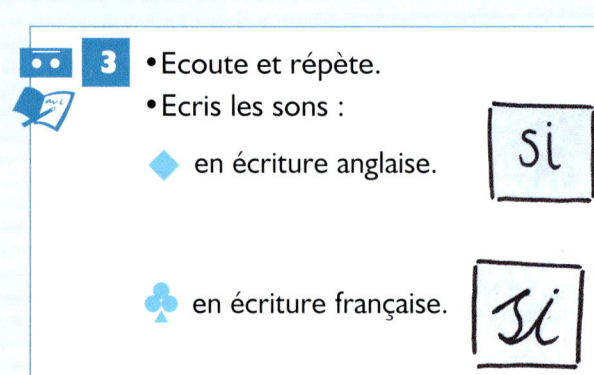

4
- Ecoute et répète.
- Apprends par cœur chez toi.

Tonton, t'as bu ton thé?   *Turlututu chapeau pointu.*

Six scies scient six saucisses.

Dodu dîna, dit-on, du dos d'un dodu dindon.

8 huit

1 Copains et copines

Préparation | Que sais-tu? | Bilan/Conseil

Révise les instructions pour les exercices dans le texte.

1 Relie!

• Relie les images et les mots.
exemple : 1 = d

| 1 Ecoute. | 2 Répète. | 3 Découpe. |
| 4 Montre. | 5 Ecris. | 6 Copie. |

a  b  c

d  e

f

OUI
Passe à l'exercice 2.
NON
Révise les instructions pour les exercices encore une fois. Recommence l'exercice.

2 Bonjour!

• Travaille en groupe.
• Lance le dé.
• Lis la phrase.

 Bonjour.

 Au revoir.

 Je m'appelle ...

Merci.

Comment tu t'appelles?

Comment ça s'écrit?

Révise «Bonjour», «Au revoir» et «Je m'appelle...» (pages 4-5).

OUI
Passe à l'exercice 3.
NON
Révise «Bonjour», «Au revoir» et «Je m'appelle...» encore une fois. Recommence l'exercice.

3 Mots français

• Lis et copie les mots.
• Dessine un symbole pour chaque mot.
exemple : **café**

coiffure   croissant   gâteau
baguette
bonbons   garage   café   discothèque

Révise les mots français (pages 2-3).

OUI
*Mets les mots dans l'ordre de l'alphabet!
exemple: baguette, ...*
NON
Révise les mots français encore une fois. Recommence l'exercice.

neuf 9

E En français comme en anglais

CAMP LES OISEAUX

1. *Bonjour. Je m'appelle Paul. J'adore le golf.*

2. *Salut. Je m'appelle Corinne. J'adore la danse.*

3. *Salut. Je m'appelle Gaëlle. J'aime la musique. J'adore les cassettes.*

4. Bonjour. Je m'appelle Raoul Dupuis. J'aime le cinéma. J'adore les films.

1
- Ecoute bien.
- ◆ Montre la bonne photo.
- ♣ Montre le bon message.

2
- Ecoute bien.
- Tu écoutes les mots dans les messages? Alors répète.
- Non? Silence!

  golf   cinéma   cassettes   danser

3
- Relie les photos et les messages.
  exemple : 1 = b

Lire

Cherche les mots importants.

Bonjour. <u>Je m'appelle</u> Raoul Dupuis. J'aime le <u>cinéma</u>. <u>J'adore</u> les <u>films</u>.

10 dix

4 • Les mots français?

a = *
e = #
i = ~
o = ❖
u = ★

1 p ❖ s t # r
2 ❖ r * n g #
3 p h ❖ t ❖
4 d ~ s q ★ # c ❖ m p * c t
5 t # l # v ~ s ~ ❖ n
6 c # r # * l # s

exemple :
l ~ ❖ n = lion

5 • Regarde les mots, exercice 4.
• Mets les mots dans l'ordre de l'alphabet.
• Dessine une image pour chaque mot.

6 **Glossaire**
• Copie et complète la grille.
• Cherche les mots dans le glossaire.

français	anglais
kangourou	....
squelette	....
....	tail
....	yoghurt
trompette	....
....	hospital
....	racquet
....	gymnastics
tortue	....

7 • Regarde exercice 4.
• Ecris six 'mots français' pour ton/ta partenaire.

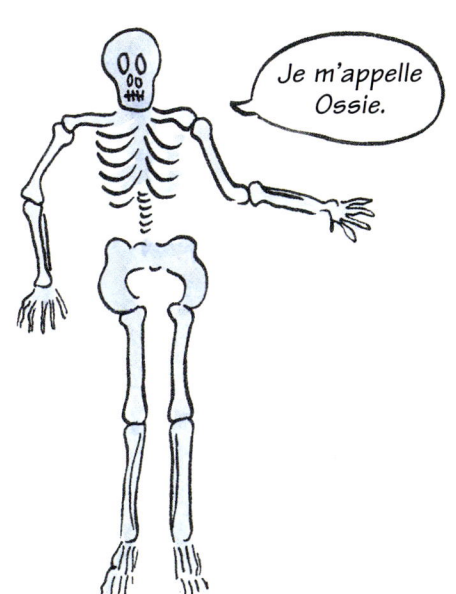

Je m'appelle Ossie.

OBJECTIFS:
Communication
Numéros 1–16

F Quel numéro?

1 Présent ou absent?

◆ • Ecoute bien.
• Complète la liste. exemple : **2, 5, ...**

♣ • Copie la grille dans ton cahier.
• Ecoute bien.
• Note (P) présent ou (A) absent.

Attention!

présent   absent
présente   absente

1	A	9	
2	P	10	
3		11	
4		12	
5		13	
6		14	
7		15	
8		16	

2 Course numéro 1: registre

• Copie et complète le registre.

1	Paul	9	
2		10	
3		11	
4		12	
5		13	
6		14	
7		15	
8		16	

Nguyen – trois
Alain – neuf
Dalila – cinq
Nadja – deux
Charlotte – douze
Leila – onze
Luc – quatre
Adriano – six
Michelle – sept
Nadège – quinze
Jérôme – treize
Nathalie – seize
Sophie – huit
Paul – un
Stéphane – quatorze
Annette – dix

12 douze

Copains et copines

3 Course numéro 2 : l'arrivée
- Ecoute bien.
- Ecris les numéros en ordre.

  exemple : **2, 13, ...**

> **Isoler les mots**
>
> Numéro 7, numéro 11, numéro 16.
> Ecoute bien les chiffres (7, 11, 16).

4 On joue au Loto

Individuellement
- A : Ecris les numéros de 1 à 16 sur des papiers individuels.

- A : Plie les papiers.

- B, C, D, et E : Choisis cinq numéros entre 1 et 16 (en secret).

En groupe
- A : Ouvre les papiers. Lis les numéros.

- B, C, D, et E : Barre les numéros.

5 On chante le soir
- Ecoute et répète.

Un, deux, trois, **1 2 3**

Nous irons au bois

Quatre, cinq, six, **4 5 6**

Cueillir des cerises

Sept, huit, neuf, **7 8 9**

Dans un panier neuf

Dix, onze, douze, **10 11 12**

Elles seront toutes rouges

treize **13**

OBJECTIFS :

Communication
C'est quand, ton anniversaire?

G Joyeux anniversaire, Paul!

 **1**
- Ecoute et répète.

  17 – dix-sept
  18 – dix-huit
  19 – dix-neuf
  20 – vingt

  21 – vingt et un
  22 – vingt-deux
  23 – vingt-trois
  etc
  30 – trente
  31 – trente et un
  etc

- En français? Ecris les mots :
  25, 28, 26, 29.
- Fais des calculs.
  exemple : **onze + onze = vingt-deux**

1 treize + quatorze = ?
2 vingt + huit = ?
3 dix-sept + six = ?
4 vingt-quatre + sept = ?

 2 **C'est quand, ton anniversaire?**
- Regarde les prénoms et la liste des mois.
- Copie les prénoms dans ton cahier.
- Ecoute bien.
- Pour chaque personne :

  ♦ écris le mois de naissance.
    exemple : **Luc – avril**

  ♣ écris la date de naissance.
    exemple : **Luc – 7 avril**

| 1 Luc | 2 Annette | 3 Leila |
| 4 Alain | 5 Adriano | 6 Nguyen |

C'est quand, ton anniversaire?

Mon anniversaire, c'est le ...

1 premier	janvier	juillet
17 dix-sept	février	août
18 dix-huit	mars	septembre
19 dix-neuf	avril	octobre
20 vingt	mai	novembre
21 vingt et un	juin	décembre
22 vingt-deux		
30 trente		
31 trente et un		

14 quatorze

3
- Lis les messages.
- Ecris les dates dans le carnet de Paul.
  exemple : **Jérôme –
  le cinq novembre = 5/11**

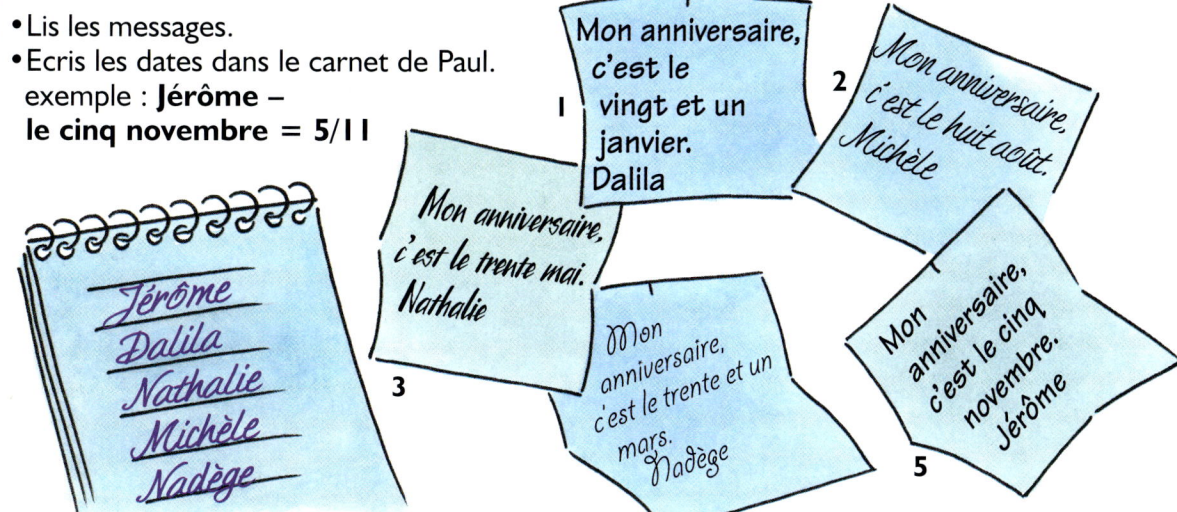

1. Mon anniversaire, c'est le vingt et un janvier. Dalila
2. Mon anniversaire, c'est le huit août. Michèle
3. Mon anniversaire, c'est le trente mai. Nathalie
4. Mon anniversaire, c'est le trente et un mars. Nadège
5. Mon anniversaire, c'est le cinq novembre. Jérôme

4 Et toi?
- Ecris la date de ton anniversaire.
  exemple : **Mon anniversaire, c'est le 9 janvier.**

5 Dans la classe
- Interroge toutes les personnes de la classe : C'est quand ton anniversaire?
- Note les réponses sur un papier.
- Fais un graphique à colonnes.

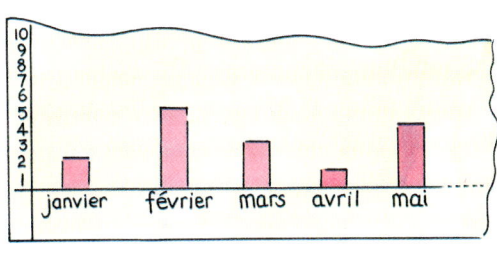

6 Truc : 30 ou 31 jours?
- Ferme ta main en poing.
- Tourne ta main.

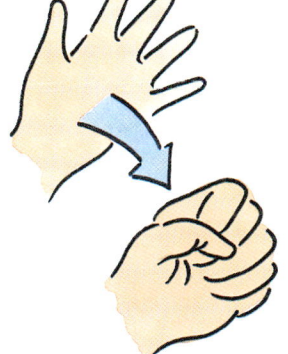
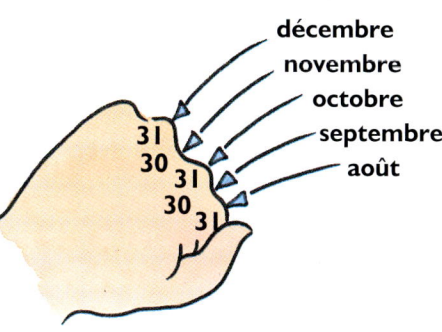
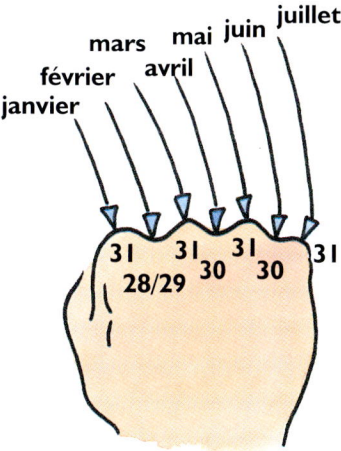

Copains et copines

quinze **15**

ATELIER

1
- Copie la grille dans ton cahier.
- Cherche le mot dans le glossaire (pages 152-155).
- Complète la grille.

mot	page	anglais
petit chat noir attendre car gare	153	small
		français
big dog white to play paper		

2
- Lis le poème.
- Mets les images dans le bon ordre.

Un petit chat noir
Attend le car
A la gare Saint Lazare

a   b   c   d   e   f

3 Un petit chat noir
- Copie le poème sans faire de fautes.
- Ecoute le professeur.
- Avec un crayon de couleur, marque tous les sons 'a'.

4 Poster pour les petits
- Sur une grande feuille de papier, prépare 28 cases.
- Dans les cases 1 et 2, écris les mots «alphabet français».
- Dans le glossaire, cherche un mot qui commence par 'a' en français.
- Ecris le mot dans la case 3.
- Illustre le mot.
  exemple :

- Ecris un mot pour 'b' dans la case 4. Illustre le mot.
- Ecris un mot pour 'c' dans la case 5 ...

Alphabet français	a abricot	b case 4	c case 5	d	e	f	g	h	i	j	k	l
m	n	o	p	q	r	s	t	u	v	w	x	y	z

16 seize

1 Copains et copines

Préparation | Que sais-tu? | Bilan/Conseil

Révise les numéros de 1 à 9 (page 13).

1 Le numéro caché
- Regarde les images.
- C'est quel numéro?
  exemple : **a = deux**

deux huit
six   cinq
quatre

a   b   c   d   e

FACILE?
OUI
Passe à l'exercice 2.
NON
Révise les numéros de 1 à 9 encore une fois. Recommence l'exercice.

Révise les numéros de 1 à 30 (page 14).

2 Code secret
- Utilise le code de la grille.
- Ecris les mots.
  exemple :
  treize / un / neuf = m ... a ... i – mai

1 a	8 h	15 o	22 v
2 b	9 i	16 p	23 w
3 c	10 j	17 q	24 x
4 d	11 k	18 r	25 y
5 e	12 l	19 s	26 z
6 f	13 m	20 t	
7 g	14 n	21 u	

1 treize / un / dix-huit / dix-neuf
2 un / quinze / vingt et un / vingt
3 vingt-six / quinze / quinze
4 un / vingt-et-un / dix-huit / cinq / vingt-deux / quinze / neuf / dix-huit

FACILE?
OUI
Invente deux ou trois mots codés pour ton/ta partenaire. Passe à l'exercice 3.
NON
Révise les numéros de 1 à 30 encore une fois. Recommence l'exercice.

Révise les dates (🗝 page 14).

3 Glossaire
- Cherche dans le glossaire, pages 152-155.
- Classe les mots.
  exemple :

français → anglais	anglais → français
janvier → January	February → février

janvier   May   September
February   juin   October
March   juillet   novembre
avril   August   décembre

- Mets les mots français dans l'ordre du glossaire.
  exemple : **août, ...**

FACILE?
OUI
Cherche des mots dans Unité 1. Invente un quiz vrai/faux pour ton/ta partenaire.
exemple :
quatre = five
NON
Révise les dates. Recommence l'exercice.

dix-sept **17**

1 Le français et l'anglais similaires

Les objets

Copains et copines

1 C'est quel objet?

- Ecoute et montre l'étiquette. 
- Ecoute et montre l'objet. 
- Ecoute et répète.

Les étiquettes

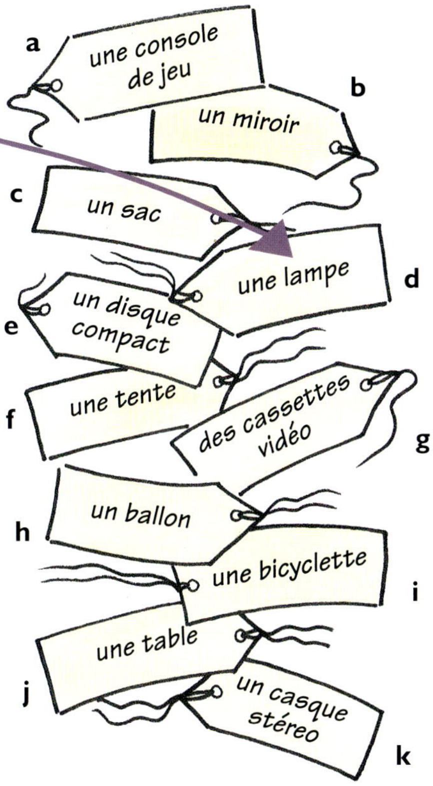

a. une console de jeu
b. un miroir
c. un sac
d. une lampe
e. un disque compact
f. une tente
g. des cassettes vidéo
h. un ballon
i. une bicyclette
j. une table
k. un casque stéréo

2
- Relie les étiquettes et les objets, page 18.
  exemple : **1 = d**

3
- Ecris le nom de l'objet.
  exemple : **1 = une lampe**

4
- Lis le paragraphe.

Le calendrier des sports

Janvier, février, mars – c'est le football et le rugby – le Tournoi des Cinq Nations au Parc des Princes à Paris. Avril, mai, juin le golf et le tennis – Henri Lecomte et Guy Forget au Stade Roland Garros, à Paris. Juillet, août – l'athlétisme, et les Jeux Olympiques tous les quatre ans, le cyclisme et la Tour de France. Septembre, octobre, le basket, le volley. Novembre, décembre – encore du football Ginola et Cantona!

- Fais une liste des sports sur un calendrier.
  exemple : **jan/fév/mar – football, rugby**

dix-neuf 19

OBJECTIFS :

Communication
Tu as ...?

Grammaire
masculin, féminin et pluriel

J De nouveaux copains

 1 Qui parle?

- Copie les prénoms dans ton cahier.
- Ecoute bien.
- Note l'objet pour chaque personne.
  exemple : **Alain = a**

| 1 Alain | 2 Luc | 3 Nadja |
| 4 Paul | 5 Annette | 6 Dalila |

 **2**
- Travaille avec un(e) partenaire.

  - A : Choisis un objet en secret.   *un baladeur*

  - B : Pose des questions à ton/ta partenaire.   *Tu as un nounours?*

  A   *Non.*

  Tu as un baladeur?   B

  A   *Oui, j'ai un baladeur.*

20 vingt

| | Copains et copines |

 3 • Interroge toutes les personnes dans la classe.
exemple :

Andrew, qu'est-ce que tu as?

J'ai un baladeur et j'ai une raquette.

Tu as …?
J'ai

- un gameboy
- un baladeur
- un nounours
- une balle
- une raquette
- une guitare
- des livres
- des bonbons
- des cassettes

• Note les réponses sur la grille.
exemple :

9									
8									
7									
6									
5									
4									
3	✓						✓		
2	✓	✓					✓		
1	✓	✓			✓	✓	✓		✓
	baladeur	gameboy	nounours	balle	raquette	guitare	livres	bonbons	cassettes

 • Fais un graphique.

 4 Objets trouvés

• Regarde les images page 20.
• Dessine et écris une étiquette pour chaque objet.
exemple : a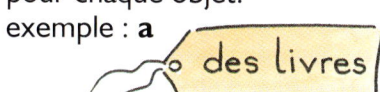

Un objet   **un** : masculin (*m*)
           une : féminin (*f*)
Deux objets ou plus   **des** : pluriel (*mpl* ou *fpl*)

J'ai ? baladeur. (baladeur : masculin)
J'ai ? balle. (balle : féminin)
J'ai ? livres. (livres : masculin pluriel)
J'ai ? cassettes. (cassettes : ?)

▶▶ p.147

 5 Remplis les blancs et dessine chaque objet.
exemple : **I = J'ai un baladeur.**

1 J'ai _ _ b_l_de_ _.
2 Tu as _ _ _ r_ _u_ t_ _?
3 Tu _ _ un g_ _ _ b_ _?
4 J'_ _ _n_ _ui_ _ _e.
5 J'ai d_ _ l_v_ _ s.
6 _ _ as _e_ c_ _ _ _ _ _s?

Dans un glossaire anglais-français
m = masculin ⟶ **un**
f = féminin ⟶ **une**
mpl ou *fpl* = pluriel ⟶ **des**
exemple :

swimming costume maillot de bain (*m*)

J'ai un maillot de bain.

  6 Et toi?

• Dessine cinq ou six objets que tu as.
• Cherche les noms des objets dans le glossaire ou dans le dictionnaire.
• Ecris une étiquette pour chaque objet.

exemple :

vingt et un **21**

OBJECTIFS :

Communication
Tu aimes le sport?

Grammaire
masculin, féminin, pluriel (révision)

K Sous la tente, le soir

 1
- Regarde les images.
- Ecoute bien. • Note l'image.
  exemple : **1 = e**

a *les livres*   **b** *la danse*   **c** *les jeux électroniques*

d *le sport*   **e** *la musique*   **f** *les nounours*

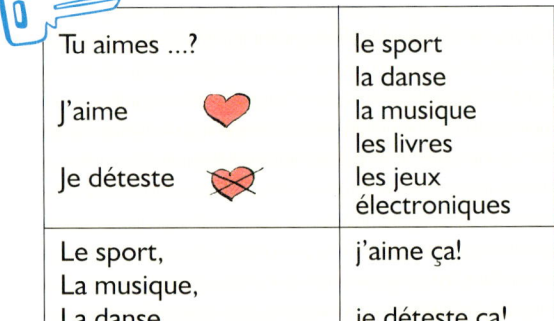

Tu aimes …?	le sport
	la danse
J'aime ♥	la musique
	les livres
Je déteste 💔	les jeux électroniques
Le sport,	j'aime ça!
La musique,	
La danse,	je déteste ça!
Les jeux électroniques,	
Les nounours,	quelle horreur!

 **2 J'aime ça!**
- Regarde et relie.
  exemple : **Alain = a**

Alain   Annette   Dalila   Paul   Luc   Nadja

Moi, j'aime les livres.

a

     Moi, j'aime la musique.
     J'aime aussi la danse.

                                                                          d

Les livres, je déteste
ça! J'aime les jeux
électroniques.

b

     La danse! Quelle horreur!
     Moi, j'aime les nounours.

c

Le sport, je déteste ça!
J'aime la musique.

     Moi aussi, j'aime les jeux électroniques.
     J'aime aussi le sport.

e   **f**

Copains et copines

3 Attention au virus!
• Lis le paragraphe et mets les phrases dans le bon ordre.

```
m'appelle ... Bonjour! ... Pierre ... Je.
anniversaire ... juin ... treize ... le ... c'est ... Mon.
le ... aime ... sport ... J' ... la ... et ... musique.
aussi ... électroniques ... J' ... jeux ... les ... aime.
nounours ... déteste ... les ... Je.
revoir ... Au.
```

4 Qui parle?
• Regarde les images, exercice 2.
• Ecoute bien.
• Ecris le prénom.
 exemple : **1 = Alain**

| Alain | Annette | Luc |
| Paul | Nadja | Dalila |

5 «J'ai» ou «j'aime»?
• Ecoute bien.
• Note «j'ai» ou «j'aime».

6 Et toi?
• Dessine et écris sur un papier.   • Plie le papier en quatre.

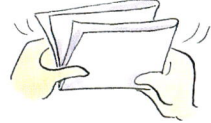

7 Jeu de mémoire
• Travaille en groupe.
• Mettez les papiers pliés au milieu.

• A : Choisis un papier. Lis le papier.   • B, C, D et E : Ecoute. Identifie la personne.

vingt-trois **23**

L'ATELIER

1 Cartes d'identité

- Lis les lettres.
  ♦ • Fais un poster pour présenter chaque personne.

  ♣ • Fais un poster.
  • Puis copie et remplis une carte d'identité pour chaque personne.

Nom
Prénom
Né(e)
Age
Aime
Déteste
Objets préférées

1
Je m'appelle Sophie Portier.
J'ai neuf ans. Je suis née le sept juillet. J'aime les livres.
Je déteste les ordinateurs.

2
Bonjour. Je m'appelle Alain Duclos. J'ai dix-sept ans. Je suis né le 29 février. J'aime le sport et les jeux électroniques. J'ai des raquettes et des balles. J'ai un ordinateur et huit gameboys. Je déteste la télé.

3
Salut. Je m'appelle Paul Cherkaoui. J'ai douze ans. Mon anniversaire, c'est le dix août. J'adore la musique – j'ai un baladeur et des cassettes. J'aime aussi la maison et mes parents. J'aime aussi Annette. Je déteste quitter la maison.

2 Les personnalités célèbres

- Choisis une personnalité célèbre (par exemple un musicien, une actrice de cinéma, ou un joueur de football).
- Cherche des détails dans un magazine.
- Fais un poster.
- Remplis sa carte d'identité.

3 Et toi?

- Fais un poster pour te présenter.

  Comment tu t'appelles?
  C'est quand, ton anniversaire?
  Tu aimes ... ?
  Tu détestes ... ?
  Tu as ... ?

- Cherche dans un dictionnaire si nécessaire, ou demande de l'aide à ton prof.

Copains et copines

Préparation   Que sais-tu?   Bilan/Conseil

Révise les objets (page 21) et les choses préférées (page 22).

1 C'est quoi?
- Ecoute bien.
- Note l'image.
  exemple : **1 = c**

 **FACILE**

NON
Passe à l'exercice 2.
NON
Révise les objets et les choses préférées encore une fois. Recommence l'exercice.

2 Comment ça s'écrit?
◆ • Regarde les images, exercice 1.
• Mets les lettres dans le bon ordre.
  exemple :
  1 un ymogeba = un gameboy

1 un ymogeba   5 des slevri
2 une trateque 6 un lebaraud
3 des stesacets 7 une giraute
4 j'aemi la sedan 8 je tétesde le trops

♣ Ecris l'objet ou une phrase pour chaque image, exercice 1.
exemple : **1 un gameboy**

Révise «Comment ça s'écrit?» (page 6 et 7), les objets (page 21) et les choses préférées (page 22).

 **FACILE**

◆ **OUI**
Passe à l'exercice 3.
NON
Copie les mots pages 21 et 22. Recommence l'exercice.
♣ **OUI**
Passe à l'exercice 3.
NON
Révise «Comment ça s'écrit?», les objets et les choses préférées encore une fois. Recommence l'exercice.

3 Dictionnaire

• Mets les mots dans l'ordre de l'alphabet.

ballon   magnétoscope
disque   voiture
radio   affiche
poupée   jouet

• Cherche les mots dans le dictionnaire.
• Ecris «un» ou «une», et l'anglais.
  exemple : **un ballon = a ball**

Révise l'alphabet (page 6) et ▼ (page 21).

 **FACILE**

OUI
Passe a l'exercice 4.
NON
Recommence l'exercice.

4 Et toi?

• Ecris des phrases correctes pour toi.
  exemple :
  J'ai trois ballons. J'aime le sport.

Demande à ton prof de vérifier. Si tu as le temps, illustre!

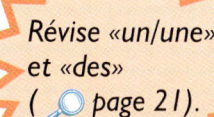
Révise «un/une» et «des» (page 21).

vingt-cinq **25**

UNITÉ 2

Le problème de Jérôme Leclerc

OBJECTIFS :

Communication
Je voudrais un stylo.

Grammaire
«un» et «une»

A Le problème de Jérôme Leclerc 1

1 Au commissariat de police

- Regarde les photos.
- Ecoute bien.

  ♦ Ecris l'objet.
  exemple : **1 = crayon**

  ♣ Ecris «un» ou «une», et l'objet.
  exemple : **1 = un crayon**

2
- Travaille avec un(e) partenaire.
- A : Choisis un objet (en secret).
- B : Devine.

  A   un stylo

       Tu as une gomme?   B

  A   Non.

       Tu as un stylo?   B

  A   Oui.

J'ai Tu as	un stylo, un crayon, un livre, un cahier,	
Je voudrais	une gomme, une trousse, une règle, une calculette,	s'il vous plaît s'il te plaît

26 vingt-six

2 Le problème de Jérôme Leclerc

 3 • Ecoute bien.

♦ • Relie les noms et les paniers.
  exemple : **Nabila = e**

♣ • Relie les noms et les paniers, et écris une liste.
  exemple : **Nabila = un stylo et une gomme**

Nabila   Yannick   Salim   Isabelle

 **4** • Travaille avec un(e) partenaire.

A : *Je voudrais une gomme, s'il te plaît.*

B : *Voilà.*

• Donne l'objet ou montre la bonne photo, page 26.
• Change de rôle.

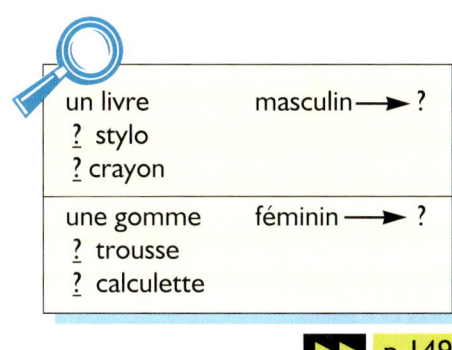

un livre   masculin → ?
? stylo
? crayon

une gomme   féminin → ?
? trousse
? calculette

▶▶ p.149

 5 • Trouve les objets dans la trousse.
  exemple : **stylo, ...**
• Dessine chaque objet.

6 Et toi?
• Ecris une liste pour la rentrée.

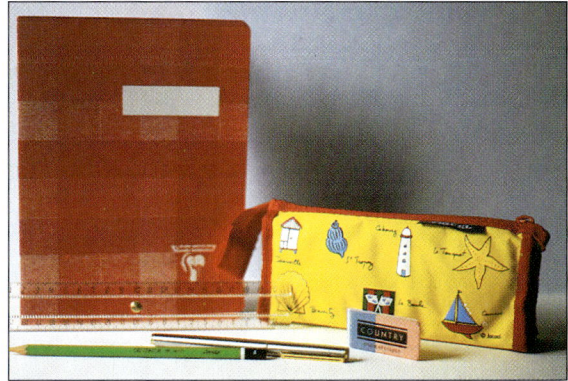

vingt-sept **27**

OBJECTIFS :

Communication
Comprendre :
ouvrez/fermez/regardez

Grammaire
«le» et «la»

B Jérôme en classe

2 Le problème de Jérôme Leclerc

1
- Regarde les images, page 28.
- Ecoute bien.
- Note l'image.
  exemple : **a = 3**

2
- Relie les bulles et les symboles.
  exemple : **a = 4**

a *Prenez le crayon!* b *Fermez le cahier!* c *Prenez le stylo!*

d *Ouvrez le livre!* e *Prenez la règle!* f *Regardez le livre!*

     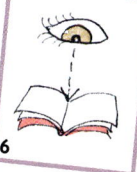 
1 2 3 4 5 6 7

- Ecris une phrase pour le symbole qui reste.

3
- Remplis les blancs.

1 Fermez _ _ cahier!   5 Regardez _ _ livre!
2 Ouvrez _ _ livre!   6 Fermez _ _ trousse!
3 Prenez _ _ gomme!   7 Sortez _ _ carnet!
4 Prenez _ _ stylo!   8 Prenez _ _ crayon!

Masculin	Feminin
le stylo	la trousse
? cahier	? gomme
? livre	? règle

4 Le rap de la classe

Prenez le stylo!
Ouvrez le cahier!
Regardez le carnet des devoirs!
Prenez le crayon!
Fermez la trousse!
Oh là, là! De mon prof j'en ai marre!

- Travaille en groupe
- Ecoutez et répétez le rap.
- Inventez des gestes.

Ouvrez	le livre
Fermez	la trousse
Regardez	le cahier
Prenez	la gomme
Sortez	le stylo
	le carnet

vingt-neuf **29**

OBJECTIFS :

Communication
Comprendre : les objets de classe et les instructions du prof

Grammaire
«le» et «la»
«un» et «une»

C La salle de classe

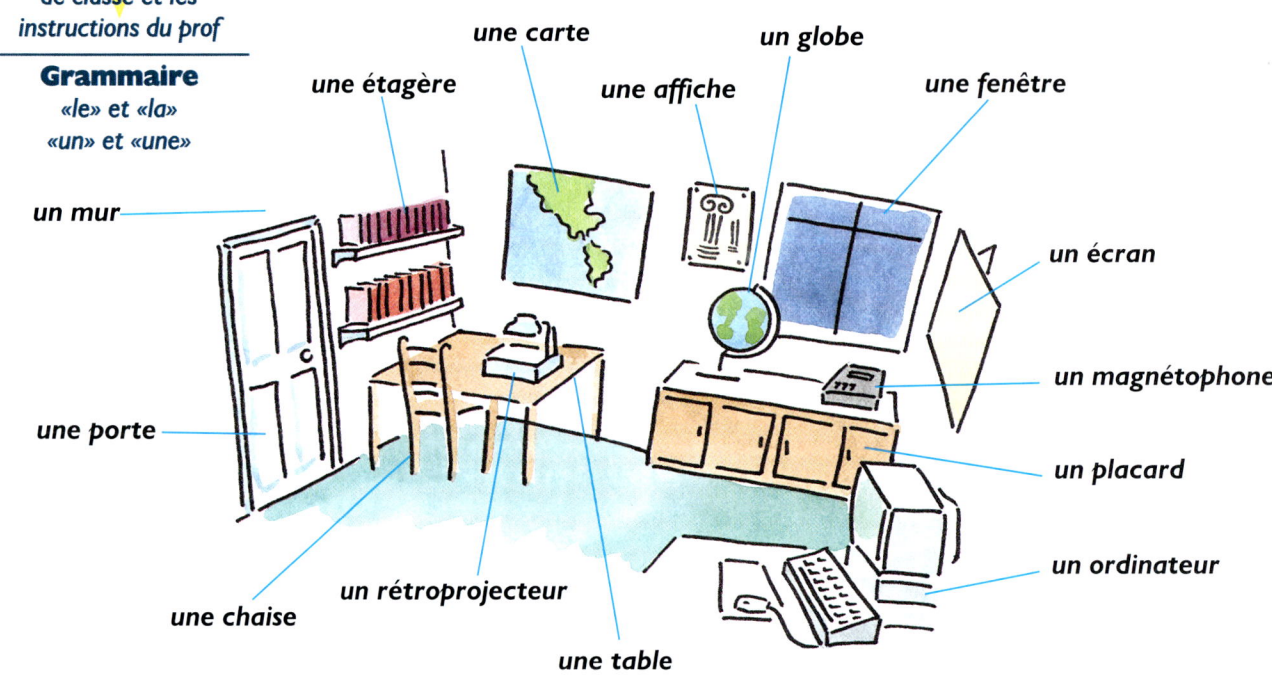

un mur · une étagère · une carte · une affiche · un globe · une fenêtre · un écran · un magnétophone · un placard · un ordinateur · une porte · une chaise · un rétroprojecteur · une table

 **1** Fais des panneaux pour la salle de classe.
exemple :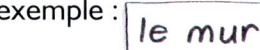

 2 Loto!

- Choisis quatre objets de la salle de classe (en secret).
- Ecris le nom des objets sur un papier.
- Ecoute bien.
- Tu entends le nom d'un objet? Tu coches. ✔
- Quatre objets cochés? Crie «Loto!» et tu gagnes!

 3
- Travaille avec un(e) partenaire.
- A : Choisis quatre objets de la salle de classe (en secret).
- B : Devine!

A   *la porte*

         la chaise?   B

A   *Non!*

         le mur?   B

A   *Non!*

         la porte?   B

A   *Oui!*

- Change de rôle.

30 trente

2 Le problème de Jérôme Leclerc

4
- Regarde les images.
- Ecoute bien.
- Note l'image. exemple : **l = d**

	A/An	The
Masc.	**un** placard **?** mur **?** ordinateur	**le** placard **?** mur **l'**ordinateur
Fém.	**?** carte **?** porte **?** affiche	**la** carte **?** porte **l'**affiche

▶▶ p.147

5
- Regarde la page 30 pendant deux minutes.
- Ferme le livre.
- Ecris une liste des choses dans la salle de classe en 30 secondes.

6 «Trousse» ou «classe»?
- Classe les mots.
- Mets «le» ou «la».

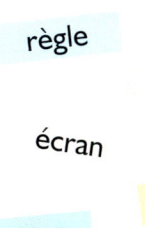

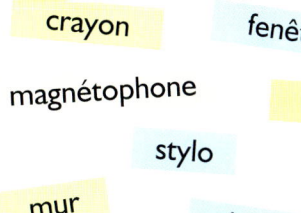

règle crayon fenêtre
magnétophone placard
écran stylo porte
mur rétroprojecteur
gomme ordinateur

	Trousse	Classe
exemple :	la règle	la porte

trente et un **31**

D   ATELIER

  Les objets cachés

- Cherche dans la salle de classe.
- Combien de règles?
- Combien de trousses?
- Combien de crayons?
- Combien de gommes?
- Combien de stylos?

2 C'est à qui, la trousse?

- Regarde les images. • Ecoute bien.
- Relie.
  exemple : **Edouard = g**
- Ecris le nom, et les objets dans la trousse.
  exemple : **Edouard = un stylo, un crayon**

1 Edouard
2 Mamoud
3 Simone
4 Marie
5 Rachel
6 Loic

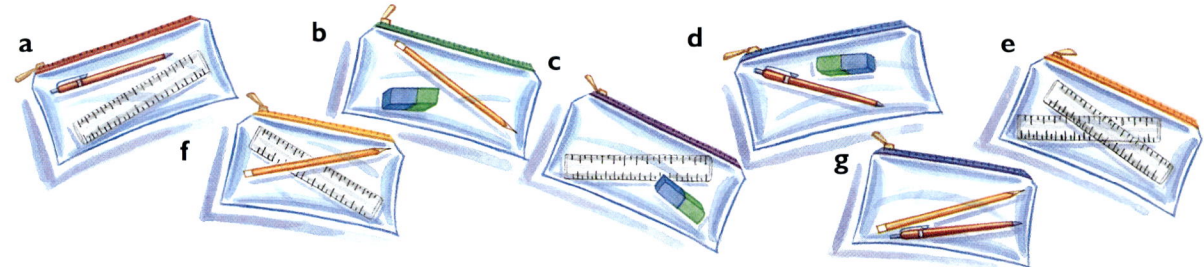

  «Cherchez les mots»

- Utilise la grille sur la feuille 5.
- Cache des mots dans la grille.
- Echange ta grille avec un(e) partenaire.
- Complète la grille de ton/ta partenaire.

  Au choix

Dessine une salle de classe bizarre ou «cool».
ou Dessine un poster d'offres spéciales pour la rentrée.

32   trente-deux

2 Le problème de Jérôme Leclerc

Préparation   *Que sais-tu?*   *Bilan/Conseil*

Révise les objets de classe (page 26).

 1 Dictionnaire
- Cherche les mots dans le dictionnaire.
- Copie et complète la grille.

masculin	féminin	dictionnaire
globe		nm
	porte	nf

globe   pupitre   porte
cartable   chaise
carte   tableau   affiche
clavier   taille-crayons   feutre

FACILE?

OUI
Passe à l'exercice 2.

NON
Révise les objets de classe encore une fois. Recommence l'exercice.

Révise les instructions du prof (page 29).

 2 Les instructions du prof

Remplis les blancs pour écrire une phrase française.

1 O_v_ez   l_   po_te.
2 F_rm_z   l_s   c_hi_rs.
3 Pr_ne_   le_   s_yl_s.
4 Ch_n_ez   d_   r_l_.

OUI
Passe à l'exercice 3.

NON
Révise les instructions du prof encore une fois. Recommence l'exercice.

Révise la salle de classe (page 30).

 3 Les mots en ordre
- Mets les mots dans l'ordre du glossaire.
- Ecris l'anglais.

la chaise   la table
l'ordinateur   le mur
la porte   l'écran
la carte   le globe
l'affiche   l'étagère
la fenêtre   le placard
le rétroprojecteur
le magnétophone

OUI
Trouve encore quatre mots français dans le dictionnaire pour développer ta liste de vocabulaire.

NON
Révise la salle de classe encore une fois. Recommence l'exercice.

trente-trois **33**

OBJECTIFS :

Communication
Tu fais français?

Grammaire
«l'»

E Le problème de Jérôme Leclerc 2

les verbes		les matières	
J'aime Tu aimes	♥	le sport le français la géo(graphie) l'informatique les math(ématique)s	le dessin la musique l'anglais l'histoire les sciences
Je n'aime pas Je déteste	✗		

1
- Regarde les symboles.
- Ecoute bien.
  - ◆ Note le symbole.
    exemple : **1 = f**
  - ♣ Ferme le livre.
  - Dessine un symbole.
    exemple : **1 =**

a 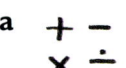 b  c   d   e  f  g

2
- Regarde les symboles, exercice 1.
- Ecoute bien.
  - ◆ Note «J'aime» ✔, ou «Je n'aime pas»/«Je déteste» ✗.
    exemple : **1 = ✗**
  - ♣ Note «J'aime» ✔, ou «Je n'aime pas»/«Je déteste» ✗, et écris la matière.
    exemple : **1 = ✗ le dessin**

3
- Travaille en groupe de trois ou quatre.

A — *Je fais maths.*

B — *Je fais maths et géo.*

C — *Je fais maths, géo et anglais ....*

- Continue!

> **Attention!**
> Je fais maths.
> Je fais géo.

 4
- Travaille avec un(e) partenaire.
- Dessine une carte pour chaque matière.
- Retourne une carte.
- Tu as dix secondes pour dire :
  – le nom de la matière
  – si tu aimes ou tu n'aimes pas la matière.
  exemple :

 *J'aime les maths.*

- Tu fais l'exercice en dix secondes? Tu marques un point.
- Change de rôle.

 5 Tes préférences
- Lis la lettre de Paul.

◆ • Ecris une liste des matières de Paul.
• Note «aime» ✔, ou «n'aime pas»/«déteste» ✘.
exemple : **le français ✔**
• Choisis et écris cinq matières.
exemple : **J'aime le sport.**
Je n'aime pas le dessin.

♣ • Ecris un paragraphe comme la lettre de Paul.

> *Au collège j'aime le français et les maths. J'aime aussi l'histoire et le dessin, mais je déteste la géographie. Je déteste les sciences aussi. J'aime bien l'anglais et l'informatique.*
> *Amitiés,*
> *Paul*

le français   ? anglais
la musique   ? informatique
              ? histoire

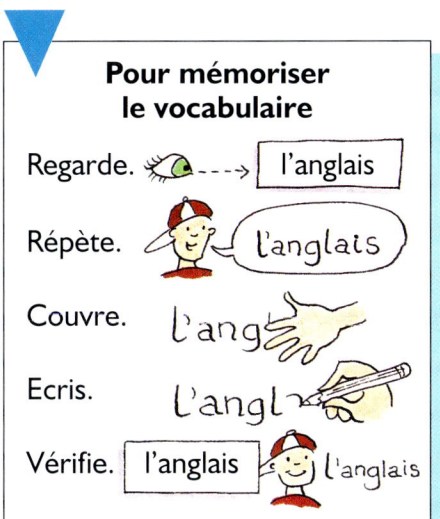

Pour mémoriser le vocabulaire

Regarde. 👁 ---> l'anglais
Répète. 🧒 l'anglais
Couvre. ✋ l'ang...
Ecris. ✏️ l'angl...
Vérifie. l'anglais 🧒 l'anglais

2 Le problème de Jérôme Leclerc

trente-cinq **35**

2 Le problème de Jérôme Leclerc

1 • Ecoute bien.
  ◆ • Note positif ✓, ou négatif ✗.
    exemple : **1** = ✗
  ♣ • Ecris la matière, note positif ✓ ou négatif ✗, et l'opinion.
    exemple :

matière	positif ✓/négatif ✗	opinion
anglais	✗	

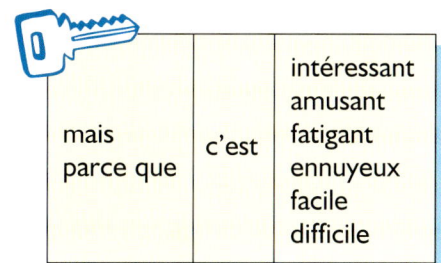

| mais parce que | c'est | intéressant amusant fatigant ennuyeux facile difficile |

2 • Travaille avec un(e) partenaire.

A — *Tu aimes les maths?*
  Non, je n'aime pas les maths. — B

A — *Pourquoi?*
  Parce que c'est difficile. — B

• Change de rôle.
• Change de partenaire!

• Autres raisons?
  Cherche dans le dictionnaire.

  exciting
  dangerous
  silly
  dull
  useful
  wonderful
  amazing

3 Et toi?
  ◆ • Ecris une liste de tes matières.
    • Donne ton opinion.
    exemple : **La géo, c'est facile.**
  ♣ • Ecris une phrase sur chaque matière.
    exemple : **J'aime la géo parce que c'est facile.**

Donner une opinion
? fatigant
? ennuyeux
? facile
? amusant
? + adjectif

▶▶ p.149

4 Cherche les adjectifs
  • Copie la grille dans ton cahier.
  • Classe les mots.

adj.	n.
super	stylo

cahier   professeur   gomme
facile   difficile   trousse
fatigant   ennuyeux   intéressant
  règle   amusant   stylo
super   crayon   maths   Julie

Pour mémoriser le vocabulaire
Divise en sections:

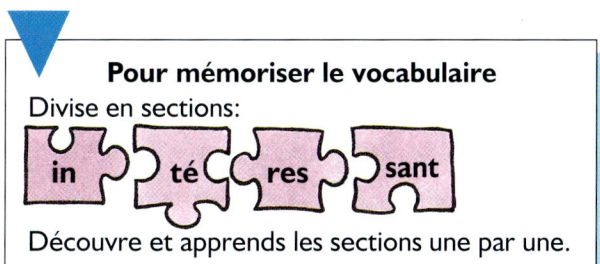

Découvre et apprends les sections une par une.

trente-sept **37**

OBJECTIFS :

Communication
J'ai maths le mardi.

Grammaire
«j'ai»

G La journée de Jérôme

CES André Malraux
Emploi du Temps

	lundi	mardi	mercredi	jeudi	vendredi	samedi
8h	maths	français		sciences		sciences
9h	anglais	sciences		maths	anglais	français
10h	sport	sciences		anglais	histoire	maths
11h	sport	maths		français	géographie	
	D E J E U N E R
14h	histoire	dessin		technologie	français	
15h	musique	géographie		technologie	informatique	
16h		histoire		géographie		

Nouveau collège, hein? Alors ...

 **1**
- Regarde l'emploi du temps de Jérôme.
- Ecoute bien.
- Note vrai ✔, ou faux ✘.
  exemple : 1 = ✘

LUNDI 28 OCTOBRE
Nouveau collège

 2
- Travaille avec un(e) partenaire.
- Regarde l'emploi du temps de Jérôme.
- A : Choisis un jour (en secret).
- B : Devine!

A — *J'ai sciences.*

C'est mardi? — B

A — *Non. J'ai sciences et technologie.*

C'est jeudi? — B

A — *Oui!*

- Change de rôle.

38 trente-huit

 3
- Lis l'emploi du temps, page 38.
- Maintenant lis les phrases.
  - Ecris «vrai» ou «faux».
    exemple : **1 = Faux**
  - Corrige les phrases fausses.
    exemple : **1 = J'ai dessin le mardi.**

1 J'ai dessin le lundi.
2 J'ai technologie le jeudi.
3 J'ai informatique le mercredi.
4 J'ai musique le lundi.
5 J'ai anglais le mardi.
6 J'ai histoire le jeudi.
7 J'ai géo le samedi.
8 J'ai sciences le vendredi.

 **4**
- Trouve les jours et les matières.   ● = jour   ▫ = matière

1 m t e e c r c h r n o e l d o g i i e

2 a v e n n g d l r a e d i i s

3 f s r a a m n ç e a d i i s

- Invente encore trois exemples.   • Echange avec un(e) partenaire.

5
- Travaille avec un(e) partenaire.   • Regarde ton emploi du temps.

A *Tu as maths le lundi?*

   Non, j'ai maths le mardi.   B

   Tu as anglais le jeudi?   B

A *Oui, j'ai anglais le jeudi.*

6 Et toi?
- Ecris ton emploi du temps en français.
- Cherche dans le dictionnaire.

  Comment dit-on PSE en français?

- Note les réponses.

dictionnaire		prof	
anglais	français	anglais	français
		PSE	

▼ **Pour mémoriser le vocabulaire**

Révise un peu tous les jours.

Devoirs pour lundi:
apprends les jours par cœur.

vendredi – 10 minutes de devoirs
samedi – 10 minutes de répétition
dimanche – 10 minutes de révision
lundi – 7/7!

J'ai maths le mardi.
J'ai anglais le jeudi.
  ? sport ? lundi.
  ? dessin ? vendredi.
  ? technologie ? mercredi.

 p.150

ATELIER

1 Lettre de Marie

- Lis la lettre de Marie.
- Copie et complète la grille.
- Ecris :
  – les matières que Marie aime.
  – les matières que Marie n'aime pas.
  – les opinions de Marie.

exemple :

♥	✗	opinion
maths		difficile, intéressant

Salut!

Je m'appelle Marie. J'ai douze ans. Au collège, je n'aime pas 🧪. C'est difficile. Mais j'aime +−×÷. C'est difficile, mais c'est intéressant. J'aime aussi 📖. C'est intéressant. Je déteste ⚽. C'est fatigant. Et 👑 – je n'aime pas ça – c'est ennuyeux. Mais 🪐, c'est facile, et 🌐, j'aime ça aussi – c'est intéressant.

Amitiés,
Marie

2 Joue aux cartes

- Travaille avec un(e) partenaire.
- Dessine des cartes. ♥×3 ✗×3

- Fais deux groupes de cartes.
  1 les cœurs
  2 les matières

- A : Retourne une carte du groupe 1 et une carte du groupe 2.
     J'aime les maths.
- B : Retourne deux cartes.
      Je n'aime pas l'histoire.
- Donne une opinion aussi.
  A   J'aime les maths. C'est facile.
  Je n'aime pas l'histoire. C'est ennuyeux.   B

3 Dans la classe

- Pose des questions dans la classe.
- Trouve une personne qui aime:

- Trouve une personne qui n'aime pas:
  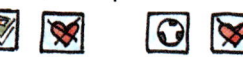
- Ecris le nom de chaque personne sur un papier.
  A   Donna, tu aimes les maths?
  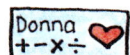   Oui   B

40 quarante

2 Le problème de Jérôme Leclerc

Préparation

Révise les objets de classe (page 26), la salle de classe (page 30), les jours de la semaine (pages 38-39) et les matières (page 34).

Prends un dictionnaire.

Révise les matières (page 34) et les numéros (pages 12-14).

Que sais-tu?

1 Cherche l'intrus

◆ • Ecris l'intrus de chaque liste.
exemple : **I = stylo**

1	lundi	stylo	mardi	dimanche
2	maths	anglais	histoire	table
3	gomme	crayon	sport	trousse
4	musique	fenêtre	carte	affiche
5	jeudi	porte	mercredi	vendredi

♣ • Invente encore trois exemples.
• Echange avec ton/ta partenaire.

2 Dictionnaire

• Cherche les mots dans le dictionnaire (section anglais-français).

free   uniform   nut   dance   idea

• Ecris les mots français dans ton cahier.
• Prends la première lettre de chaque mot français. C'est quel jour?

3 Code secret

• Utilise le code de la grille.
• Ecris le mot.
exemple :
treize / un / vingt / huit / dix-neuf
= m ... a ... t ... h ... s – **maths**

• Dessine le symbole.

1 a	8 h	15 o	22 v
2 b	9 i	16 p	23 w
3 c	10 j	17 q	24 x
4 d	11 k	18 r	25 y
5 e	12 l	19 s	26 z
6 f	13 m	20 t	
7 g	14 n	21 u	

1 huit / neuf / dix-neuf / vingt / quinze / neuf / dix-huit / cinq
2 quatre / cinq / dix-neuf / dix-neuf / neuf / quatorze
3 dix-neuf / seize / quinze / dix-huit / vingt
4 un / quatorze / sept / douze / un / neuf / dix-neuf

Bilan/Conseil

FACILE?
OUI
Passe à l'exercice 2.
NON
Révise les objets de classe, la salle de classe, les jours de la semaine, et les matières encore une fois. Recommence l'exercice.

FACILE?
OUI
Invente un autre exercice comme ça pour ton/ta partenaire. Passe à l'exercice 3.
NON
Demande de l'aide à ton prof. Utilise le dictionnaire. Recommence l'exercice.

FACILE?
OUI
Ecris deux ou trois mots codés pour ton/ta partenaire.
NON
Révise les matières et les numéros encore une fois. Recommence l'exercice.

quarante et un **41**

OBJECTIFS:

Communication
Dans la bibliothèque on lit.

Grammaire
«on» + verbe

1 Désastre!

Dans	la salle	de français de musique d'informatique d'histoire	on	écrit parle joue lit calcule dessine
	le labo le gymnase la bibliothèque			

1 • Regarde les photos. • Ecoute bien.
• Ecris la salle. exemple : **1 = la salle de dessin**

42 quarante-deux

2 Le problème de Jérôme Leclerc

2 • Regarde les images. • Ecoute bien.

1 On dessine 2 On fait du sport 3 On regarde des vidéos 4 On lit 5 On écrit

6 On parle 7 On calcule 8 On chante 9 On observe la nature

♦ • Note : ✔ (correct) ou ✘ (pas correct).
♣ • Corrige les erreurs. exemple : **2 = On lit ou on écrit.**

3 • Regarde les images, exercice 2.
• Ecris la salle de classe.
exemple : **1 = la salle de dessin**

4 Un collège bizarre

♦ • Lis la lettre.
• Ecris la salle, et note l'activité.
exemple :
la salle de maths = on chante

♣ • Lis la lettre.
• Copie la lettre et corrige les phrases fausses.
exemple :
Dans la salle de maths on calcule.

> Mon collège, c'est bizarre! Dans la salle de maths on chante. Dans la salle de musique on observe la nature. On calcule dans la salle de dessin. Dans le gymnase on lit et écrit. Dans la bibliothèque on fait du sport.

5 Classes bizarres

• Travaille avec un(e) partenaire.
• A : Choisis une salle et une activité bizarre (en secret).
• B : Devine!

A — *Dans la salle de musique.*

   On calcule? — B

A — *Non.*

   On fait du sport? — B

A — *Non ...*

• Change de rôle.
• Change de partenaire!

verbes = action
On fait du sport.
On regarde des vidéos.
On lit un livre.
On ? la radio.
On ? la télé.
On ? au tennis.

▶▶ p.146

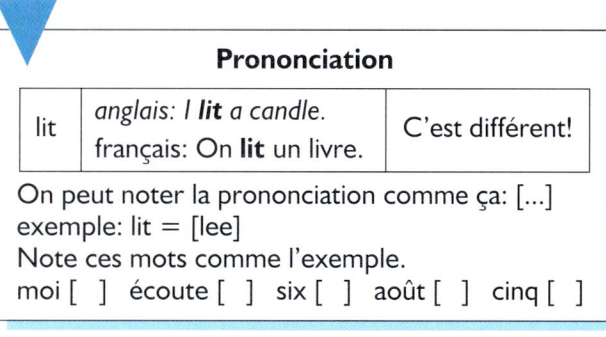

Prononciation

lit	anglais: I **lit** a candle.	C'est différent!
	français: On **lit** un livre.	

On peut noter la prononciation comme ça: [...]
exemple: lit = [lee]
Note ces mots comme l'exemple.
moi [ ] écoute [ ] six [ ] août [ ] cinq [ ]

quarante-trois **43**

OBJECTIFS :

Communication
Je lis, j'écoute ...

Grammaire
«je»/«tu» + verbe

J Ça va mieux, Jérome?

Qu'est-ce que tu fais?

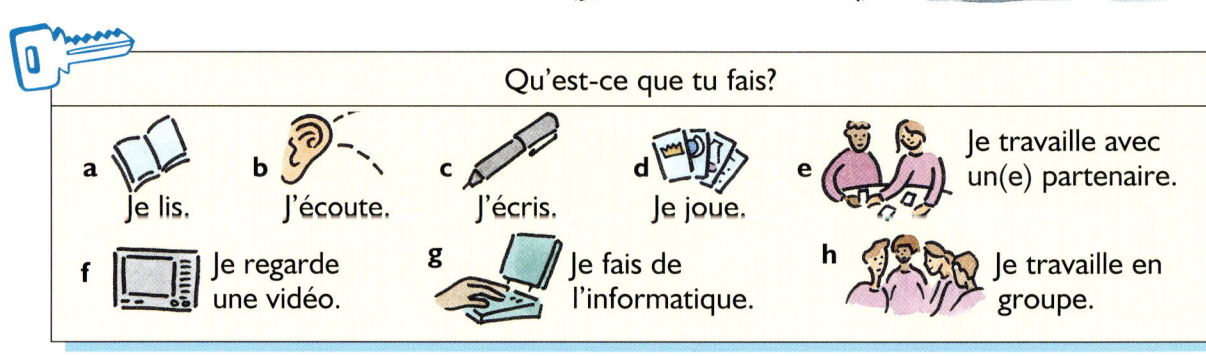

a Je lis.   b J'écoute.   c J'écris.   d Je joue.   e Je travaille avec un(e) partenaire.

f Je regarde une vidéo.   g Je fais de l'informatique.   h Je travaille en groupe.

1
- Regarde les symboles. • Ecoute bien.
  - Note vrai ✔ ou faux ✘. exemple : a = ✘
  - Corrige les phrases fausses.   exemple :

	réponse	correction
a	✘	Je fais de l'informatique.

2
- Travaille avec un(e) partenaire.
- Regarde les symboles.
- A : Montre un symbole.
- B : Dis l'activité.
  exemple : A  *Je lis.* B

3
- Mets les lettres dans le bon ordre pour trouver les instructions du prof.
- Ecris le mot correctement et dessine un symbole.
  exemple : 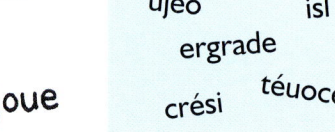 joue

ujeo   isl
    ergrade
crési   téuoce

44 quarante-quatre

2 Le problème de Jérôme Leclerc

4 Profil: facile ou difficile?

◆ • Note ton score pour chaque activité. exemple : **a = 1**

♣ • Note ton score et écris une phrase.
  exemples : **a = 1 C'est difficile**.
  b = 5 Ça va.

Difficile	Ça va	Facile
1	5	10

a J'écoute la cassette.
b J'écris un exercice de *Camarades*.
c Je joue en groupe.
d Je chante une chanson française.
e Je travaille avec un(e) partenaire.
f Je parle français avec le prof.
g Je regarde une vidéo.
h Je fais de l'informatique.
i Je lis *Camarades*.

5 Dessine un symbole pour chaque activité de l'exercice 4.

6
• Travaille avec un(e) partenaire.
• A : Choisis un symbole, exercice 2 (en secret).
• B : Pose des questions à ton/ta partenaire.

A *Tu écoutes la cassette?* B

A *Non, je lis.*

Prononciation
La lettre 's' ne se prononce pas à la fin du mot.

Lis, écoute et répète.

lis	écris
questions	fais
mots	mets
symboles	Thomas

On regarde	je regarde	tu regardes
On joue	je joue	tu ?
On calcule	je ?	tu ?
On dessine	je ?	tu ?
On commence	je ?	tu ?
On fait	je fais	tu fais
On lit	je lis	tu ?
On finit	je ?	tu ?

▶▶ p.146

quarante-cinq **45**

OBJECTIFS :

Communication
Dans le collège, il y a …

K Félicitations, Jérôme!

Regarde, Jérôme, le dossier de Midtown High School en Angleterre. Tu fais le dossier sur le Collège Malraux?

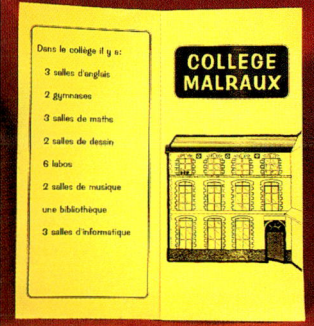
une brochure?

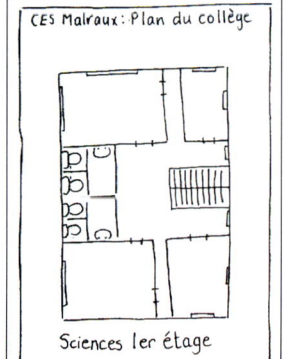
un plan?

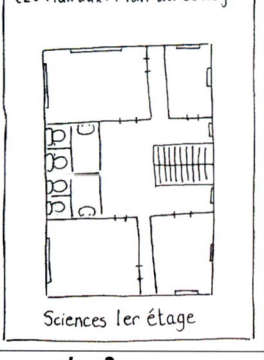
une cassette-vidéo?

une cassette?

un sondage?

un poster?

Félicitations, Jérôme. Le dossier est superbe!

- Travaille en groupe.
- Préparez un dossier sur votre collège pour donner à un collège en France.
- Utilisez les idées de Jérôme.

46 quarante-six

2 Le problème de Jérôme Leclerc

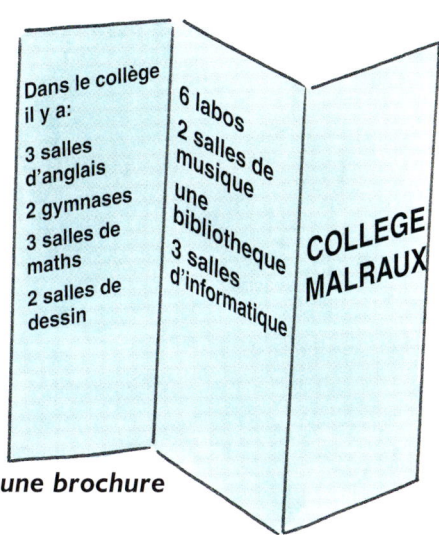
une brochure

une cassette

Salut! Je m'appelle Jérôme Leclerc. J'ai treize ans ...

un poster

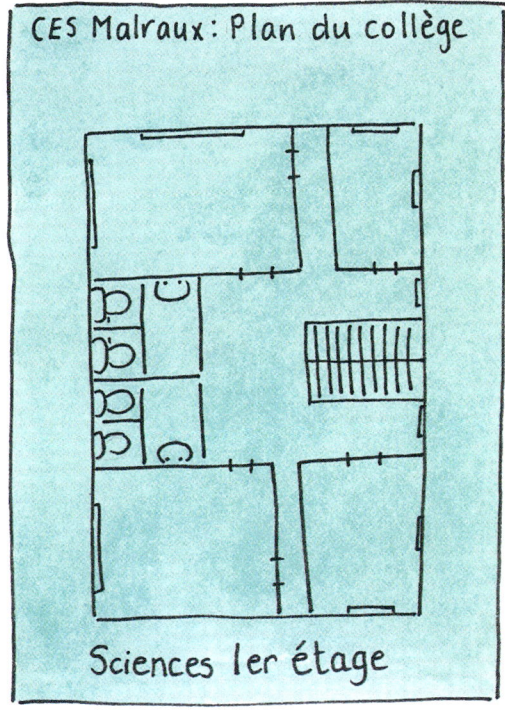
un plan

une cassette-vidéo Il y a des labos très modernes.

quarante-sept **47**

ATELIER

1 Le mur à graffiti
- Dessine un mur sur une feuille de papier.
- Colle le papier sur un mur dans la salle de classe.
- Ecris tes opinions sur le papier!

2 Collège imaginaire
- Dessine un nouveau collège.
- Choisis la situation.
- Ecris les noms des salles de classe sur le plan.
- Tu as d'autres idées?

sur la lune *sous terre*

sous la mer *dans une station spatiale*

3 Petits poèmes

Individuellement
- Lis les poèmes.
- Copie les poèmes dans ton cahier.
- Remplis les blancs avec un mot qui rime.
    - ♦ Regarde les mots.
    - ♣ Cache les mots.

Choisis entre :

foot	cassettes
cahier	fantastique
revoir	français

En groupe
- Choisissez un poème.
- Répétez et inventez des gestes.

Madame! Madame! S'il vous plaît!
Dans mon cahier de ....
il y a une araignée!
Regardez dans mon .... !

A la radio on écoute
Interviews, musique et ....
Mais on a beaucoup de devoirs,
Donc à la radio, au .... !

Quand chez nous on fait la fête
On aime écouter des ....
Parce qu'on aime beaucoup la musique,
C'est amusant, c'est .... !

4 Idéogrammes
- Copie l'idéogramme de mots dans ton cahier.
- Complète l'idéogramme avec d'autres mots.
- Cherche dans le dictionnaire.

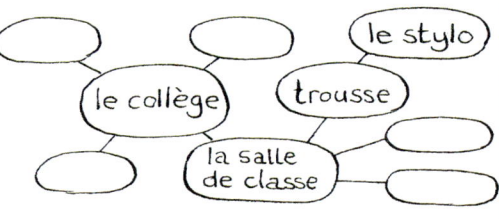

48 quarante-huit

2 Le problème de Jérôme Leclerc

Préparation   Que sais-tu?   Bilan/Conseil

Révise les salles de classe et les activités (🔑 page 42).

 1 Vrai ou faux?
- Lis les phrases.
- Choisis vrai ou faux.
- Ecris la bonne lettre pour chaque phrase dans ton cahier.
- Tu trouves un mot français?

		Vrai	Faux
1	Dans la salle de français on parle.	M	P
2	Dans le gymnase on calcule.	T	A
3	Dans la salle de musique on dessine.	R	T
4	Dans la salle d'anglais on écrit.	H	B
5	Dans la bibliothèque on chante.	D	S

OUI
Prépare un autre jeu comme ça pour ton/ta partenaire. Passe à l'exercice 2.

NON
Révise les matières et les salles de classe encore une fois. Recommence l'exercice.

Prends un dictionnaire.

 2 Dictionnaire
- Regarde les mots.
- Choisis la bonne définition.
- Ecris ta définition dans ton cahier.
- Vérifie avec le dictionnaire.

farfelu	**a** distant	**b** weird	**c** mate
chiper	**a** to slice	**b** to carve	**c** to steal
hors	**a** a pony	**b** outside	**c** a sore throat
éventuel	**a** possible	**b** eventful	**c** eventual
tranche	**a** a slice	**b** a trench	**c** a tram

OUI
Prépare un autre jeu comme ça pour ton/ta partenaire. Passe à l'exercice 3.

NON
Demande de l'aide à ton prof. Utilise le dictionnaire. Recommence l'exercice.

Révise les verbes (🔑 page 44).

 3 C'est quelle image?
- Ecoute bien.
- Note l'image. exemple : **1 = c**

a    b

c    d    e

FACILE

OUI
Ecris une phrase pour chaque image.

NON
Révise les verbes encore une fois. Recommence l'exercice.

quarante-neuf **49**

UNITÉ 3 — Les loisirs

OBJECTIFS :

Communication
Tu aimes lire?

A   A la télé, samedi

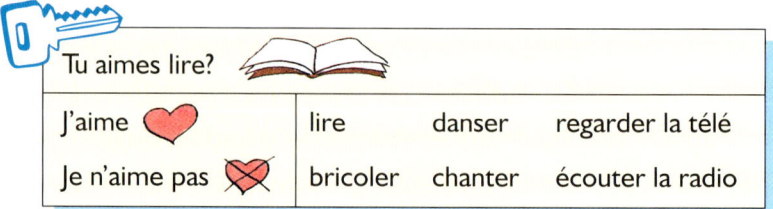

Tu aimes lire?			
J'aime ♥	lire	danser	regarder la télé
Je n'aime pas ✗	bricoler	chanter	écouter la radio

1
- Cherche les mots dans le dictionnaire.
- Relie les mots français et les mots anglais.

jeunes	leisure activities
paresseux	young people
loisirs	lazy

Alors, Viviane, les jeunes sont paresseux. C'est vrai?

Non, c'est faux, Patrick. Nos invités sont membres du club de jeunes "Fleury", trois fanatiques des loisirs.

Je vous présente Alain, Mehdi et Dalila.

Bonjour. Je m'appelle Alain. J'aime lire et écouter la radio. Je n'aime pas danser.

Bonjour. Je m'appelle Mehdi. J'aime regarder la télé. Je n'aime pas chanter.

Bonjour. Je m'appelle Dalila. J'aime bricoler. Je n'aime pas écouter la radio.

2
- Ecoute bien.
  - ♦ Copie correctement.
    «J'aime» ou «Je n'aime pas».
    exemple : **1 = J'aime**
  - ♣ Ecris sans regarder le livre.
    «J'aime» ou «Je n'aime pas».
    exemple : **1 = J'aime**

3
- Ecoute bien.
  - ♦ Dessine un symbole pour chaque activité.
    exemple : **1 =**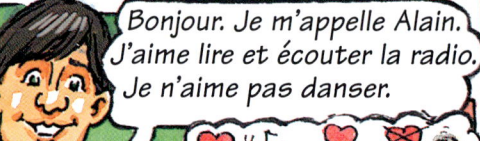
  - ♣ Ecris une phrase pour chaque activité.
    exemple : **1 = écouter la radio**

50   cinquante

3 Les loisirs

 4
- Regarde les images.

- Ecoute la cassette.
- Note vrai ✔, ou faux ✘.
  exemple : 1 = ✔

 5 Qui a écrit les messages?
- Regarde les images.
- Lis les messages.
- Relie les messages et les personnes.

Carine   Fabien   Julie

1 Je n'aime pas lire, mais j'aime regarder la télé, et j'aime danser. Je n'aime pas écouter la radio, mais j'aime chanter.

2 Je n'aime pas danser, mais j'aime chanter. J'aime lire, et j'aime écouter la radio, mais n'aime pas regarder la télé.

 6
- Travaille avec un(e) partenaire.
- A : Choisis cinq loisirs. Ecris une liste (en secret).

  ♦ exemple :

  ♣ exemple :

- B : Devine!

  B *Tu aimes bricoler?*

     Non, je n'aime pas bricoler. A

- Change de rôle.

 7 Et toi?

- Ecris tes opinions.   exemple :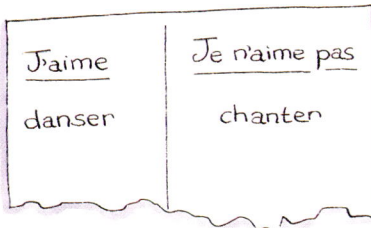
- Pose des questions aux camarades de classe.
- Trouve une personne avec des opinions identiques.

  A *Tu aimes danser?*

     Oui, j'aime danser. B

cinquante et un **51**

OBJECTIFS:

Communication
J'adore/Je préfère
faire du vélo

Grammaire
verbe + infinitif

B Week-ends actifs

Mehdi, tu aimes aller au club de jeunes?

Oui, j'aime aller au club de jeunes. Et j'adore aller au cinéma.

Dalila, tu aimes faire du vélo?

Oui, j'adore ça, et j'adore faire de l'équitation aussi.

Et toi, Alain, aller au cinéma, ça te plaît?

Non, Patrick. Je n'aime pas ça. Je préfère faire du shopping.

Et toi, Carine, ça te plaît, la pêche?

La pêche? Berk! Je n'aime pas ça! Je préfère aller à la piscine.

1 • Regarde  et écoute bien.
- Note l'activité.
  exemple : **1** = **d**
- Dessine un symbole pour chaque activité.
- Dessine deux symboles : un pour l'opinion, un pour l'activité.
  exemple : **1** =

Qu'est-ce que tu aimes faire?

J'aime		a faire du vélo
J'adore		b faire du shopping
Je préfère		c faire de l'équitation
		d aller à la pêche
		e aller à la piscine
Je n'aime pas	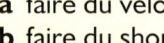	f aller au cinéma
		g aller au club des jeunes

Bof! Je ne sais pas, moi.
Ça m'est égal.
Ça dépend.

52 cinquante-deux

3 Les loisirs

 2 Devine les quatre préférences de Fabien

- Dessine une carte loto dans ton cahier.
- Ecoute le professeur. Coche ta carte.
- Tu as quatre coches? Tu gagnes!

 3
- Regarde la carte de Pascal.
  - ♦ Copie et complète avec 🔑.
  - ♣ Copie et complète sans regarder 🔑.

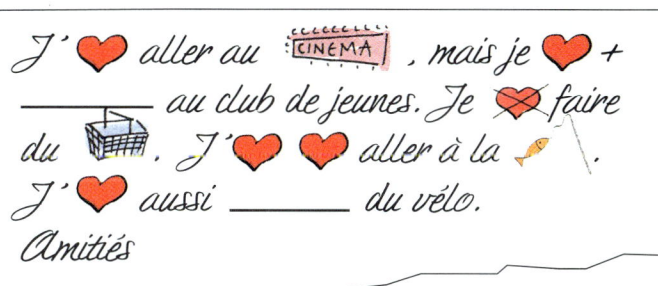

J'aime	aller	au cinéma
Je n'aime pas	?	la radio
Je préfère	?	la télé
J'adore	?	du shopping
Verbe no.1	Verbe no.2 : infinitif	

▶▶ p.148

 4 Et toi?
- ♦ Ecris une lettre illustrée, avec des symboles pour les activités que tu aimes.
- ♣ Ecris une lettre.
- Parle des activités que tu aimes.

▼ **Préparer un interview**

Prepare une introduction:
Bonjour. Je m'appelle ...
J'ai ... ans.
Prepare des questions :

A *Tu aimes aller à la pêche?*

   Oui, j'adore aller à la pêche. B

5 Interview
- Travaille avec un(e) partenaire.
- Prépare une interview.
- Parle des activités que tu aimes.
- Joue l'interview devant la classe, ou enregistre l'interview sur cassette.

cinquante-trois **53**

OBJECTIFS :

Communication
Réviser : les loisirs

C Concours TéléSamedi

JEU A

- Imagine que tu es Viviane.
- Ecris les phrases.
  exemple : **J'aime la natation.**

J'aime
Je n'aime pas

JEU B

- Ecoute Viviane.
- Copie et coche la bonne réponse.

1 chanter/danser

2 regarder la télé/écouter la radio

3 lire/danser   4 regarder la télé/lire

5 aller au cinéma/faire du shopping

JEU C

- Lis l'interview avec Viviane.
- Mets les lettres dans le bon ordre. Ecris le mot.
- Coche les activités préférées de Viviane.

TéléSamedi : Tu aimes *andrse*?
Viviane :   Oui, j'aime ça.
TéléSamedi : Tu aimes *lrale* à la *ispicne*?
Viviane :   Oui, mais je préfère l'*qtiétuanoi*.
TéléSamedi : Tu aimes *iafre ud éolv*?
Viviane :   Non, j'ai horreur de ça!
TéléSamedi : Tu aimes *airfe ud ohpspnig*?
Viviane :   J'adore ça!
TéléSamedi : Tu aimes *erall ua cbul sed sunjee*?
Viviane :   Ah, non. J'ai 29 ans!
TéléSamedi : Tu aimes *rectuoé al diaor*?
Viviane :   Bof! Ça m'est égal.

3 Les loisirs

Travailler avec un(e) partenaire

Décidez : qui fait quoi?
Assemblez les réponses.
Phrases utiles :

A — Le jeu A, c'est à moi, le jeu B c'est à toi ?
B — D'accord.

A — «Concours», c'est quoi en anglais?
B — C'est «competition».

A — Tu as fini D?
B — Non, une minute.

A — La réponse B5, c'est quoi?
B — C'est ...

JEU D

CHARADES

Viviane préfère cinq activités.

Activité mystère 1

1 C'est dans «prof» et dans
2 Ça finit comme
3 C'est dans «chat» et dans «mercredi».
4 C'est dans «chat» et dans «heure».
5 C'est la voyelle numéro deux dans l'alphabet.

Activité mystère 2

1 Ça commence comme
2 C'est avant 'f' dans l'alphabet.
3 C'est après 'k' dans l'alphabet.
4 Ça commence comme

JEU E

- Lis l'interview avec Viviane.
- Note ses préférences.
- Regarde les réponses aux jeux A, B, C, et D.
- Quel est le loisir préféré de Viviane?

TéléSamedi : Viviane, le week-end idéal : télé ou équitation?
Viviane : Télé.
TéléSamedi : Tu lis ou tu vas à la pêche?
Viviane : Je vais à la pêche.
TéléSamedi : Pêche ou télé?
Viviane : Télé.
TéléSamedi : Equitation ou shopping?
Viviane : Equitation.

55

D   ATELIER

1 Jeu-test

- Lis les phrases et choisis a ou b.
- Regarde les scores. Fais ton total.
- Lis les explications. C'est vrai? C'est toi?
- Cherche dans le dictionnaire si nécessaire.

TU PRÉFÈRES ...

1. **a** lire   **b** danser
2. **a** regarder la télé   **b** faire de l'équitation
3. **a** dessiner   **b** aller à la piscine
4. **a** aller au club des jeunes   **b** aller à la pêche
5. **a** faire du shopping   **b** écrire
6. **a** faire du ski   **b** faire de la broderie
7. **a** peindre   **b** jardiner
8. **a** bricoler   **b** dormir
9. **a** écouter des disques   **b** jouer de la musique
10. **a** jouer au théâtre   **b** aller au théâtre
11. **a** jouer au golf   **b** travailler avec l'ordinateur
12. **a** aller au cinéma   **b** jouer au tennis

Score

1 a ■	b ●	7 a ■	b ●
2 a ■	b ●	8 a ●	b ■
3 a ■	b ●	9 a ■	b ●
4 a ●	b ■	10 a ●	b ■
5 a ■	b ●	11 a ●	b ■
6 a ●	b ■	12 a ■	b ●

EXPLICATION

Maximum de ■?
Tu aimes les loisirs, mais tu préfères les activités calmes.

Maximum de ●?
Tu préfères les loisirs actifs. Tu aimes participer au maximum.

2 Devine!

- Travaille avec un(e) partenaire.
- Regarde encore une fois le jeu-test.
- Devine les réponses de ton/ta partenaire.

♦ A   *Numéro 1, tu préfères danser?*   *Non, lire.*   B

♣ A   *Numéro 1, tu préfères danser?*   *Non, je préfère lire.*   B

- Tu as bien deviné?
- Ton score = ?/12. Qui a gagné?

3 Donnez vos opinions

- Travaille en groupe.
  - Faites des cartes «Opinions».
  - Faites des cartes «Loisirs».
  - Faites des phrases avec les cartes.

56   cinquante-six

3 Les loisirs

Préparation   Que sais-tu?   Bilan/Conseil

Révise verbe + infinitif (page 53).

1 Remplis les blancs
• Copie et complète les phrases.
exemple :
Je dessine. → **J'aime dessiner.**

1 Je regarde la télé. → J'adore reg_ _d_ _ la télé.
2 Je ne lis pas. → Je n'aime pas l_ _ e.
3 Je vais au cinéma. → Je préfère a _ _ _ _ au cinéma.
4 Je fais du vélo. → J'aime f_ _ _ _ du vélo.
5 Je joue de la musique. → Je préfère j_ _ _ _ de la musique.

FACILE?
OUI
Bravo! Passe à l'exercice 2.
NON
Révise verbe + infinitif encore une fois. Demande de l'aide à ton prof si nécessaire. Recommence l'exercice.

Revise (page 52), et le Jeu-test (page 56).

2 J'adore dessiner
• Dessine un symbole pour chaque réponse dans exercice 1.
exemple : **J'adore dessiner** =
• Invente et dessine encore quatre exemples sur un papier.
• Donne le papier à ton/ta partenaire.
• Ton/ta partenaire dit la phrase.
exemple :  "J'aime faire du ski."

FACILE?
OUI
Bravo! Passe à l'exercice 3.
NON
Révise verbe + infinitif encore une fois. Recommence l'exercice.

Révise les loisirs (page 52).

3 Deux amis
• Copie la grille dans ton cahier.
• Lis les notes de Bénédicte et de Xavier.
• Dessine des symboles dans la grille.
exemple :

Nom	♥	♥̸
Bénédicte		
Xavier		

FACILE?
OUI
Bravo!
NON
Révise les loisirs encore une fois. Recommence l'exercice.

*Je n'aime pas aller à la pêche, mais j'aime faire de l'équitation. J'aime aller au cinéma, et j'aime aussi travailler avec l'ordinateur, mais je n'aime pas aller à la piscine.
Grosses bises
Bénédicte*

*Et ben, moi j'aime regarder la télé, et j'aime faire du vélo, mais je n'aime pas écouter la radio. Je n'aime pas faire du shopping – j'ai horreur de ça. Et je n'aime pas danser – c'est difficile.
Amitiés
Xavier*

cinquante-sept 57

OBJECTIFS:

Communication
Je joue au tennis.
Je fais du judo.

E Au centre sportif «Fleury»

Lucie et Romain ont gagné le concours TéléSamedi. Daniel, champion de judo, fait le guide au Centre Fleury.

Bienvenue! Je vous présente les champions du Centre Fleury.

a. Moi, je fais du judo.

b. Salut, je fais de la gymnastique.

c. Moi, je fais de la natation.

d. Je joue au tennis de table.

e. Je fais de l'athlétisme. C'est génial!

f. Je joue au basket.

g. Et moi, je joue au foot. Toi aussi, Lucie?

h. Non, je préfère faire du vélo. Au revoir!

1
- Regarde les images a-h.
- Ecoute la cassette.
  ◆ • Note le sport. exemple : **1 = e**
  ♣ • Note et écris le sport.
     exemple : **1 = e, de l'athlétisme**

2 C'est quel sport?
- Ecoute bien.
- Ecris le sport.
  exemple : **1 = Je fais de la natation.**

58 cinquante-huit

3 Les loisirs

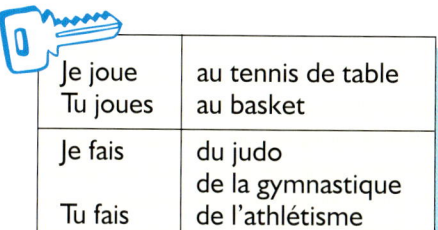

Je joue Tu joues	au tennis de table au basket
Je fais	du judo de la gymnastique
Tu fais	de l'athlétisme

3
- Travaille en groupe.
- A : Choisis et mime un sport.
- B, C, D et E : Devine!

Tu joues au tennis de table?

Oui.

> **Construire et apprendre des phrases**
>
> Commence par la fin!
>
> table
> de table
> tennis de table
> au tennis de table
> joue au tennis de table
> Je joue au tennis de table.

4 Au choix!

- Choisis un exercice (a-c).
- Travaille avec un(e) partenaire.

a
- Apprends à épeler les sports.
  exemple :

b
- Invente des énigmes par écrit.
  exemple :
  A **Je j_ _e au _a_k_t.**

  Je joue au basket. B

c
- Révise l'alphabet.

  A *N ... A ... T ...*

  A ... T ... I ... O ... N
  Je fais de la natation! B

5
- Regarde les mots.

  tu   table   je   l'   basket   athlétisme   du   ?   foot
  de   judo   la   vélo   au   joues   tennis   natation   joue   fais

- Ecris cinq phrases.
  exemple : **Je joue au basket.**
- Ecris un maximum de phrases.
- Utilise les mots une fois ou plus.

une fois = once
ou plus = or more

cinquante-neuf **59**

OBJECTIFS :

Communication
Je joue une fois par semaine

F Tu joues souvent?

3 Les loisirs

1
- Regarde les images, page 60.
- Ecoute bien.
    ◆ • Note vrai ✔, ou faux ✘.
       exemple : **1 = ✘**
    ♣ • Note vrai ✔, ou faux ✘.
       • Corrige les phrases fausses.
       exemple :
         1 = ✘ une fois par semaine

2
- Travaille avec un(e) partenaire.
- Invente une activité «vrai ou faux?» comme l'exercice 1.

A *Je fais du judo le matin.*

◆ *Faux!* B

♣ *Faux! Tu fais du judo le soir.* B

3
- Regarde les images. • Ecoute bien.
- Relie les images aux phrases.
- 1ère fois : l'activité. exemple : **1 = e**
- 2ème fois : la fréquence. exemple : **1 = l**

a b c d e f g

h tous les jours, l'après-midi
i trois fois par semaine
j deux fois par semaine, le soir
k tous les mercredis
l tous les lundis
m une fois par semaine
n quatre fois par semaine, le soir
o trois fois par semaine, l'après-midi

4
- Relie les phrases aux images, exercice 3.

  1 Je fais de l'athlétisme.
  2 Je fais du vélo.
  3 Je joue au foot.
  4 Je fais de la natation.
  5 Je joue au tennis de table.
  6 Je fais de la gymnastique.
  7 Je fais du judo.

exemple :
1 Je fais de l'athlétisme = f

5
- Lis le poème.
    ◆ • Récite ou enregistre le poème.
    ♣ • Invente un poème.
       • Récite ou enregistre ton poème.

C'est dur!
Natation tous les jours?
C'est dur!
Gymnastique tous les jours?
C'est cool!
Foot trois fois par semaine?
C'est super!
Judo le soir?
Ça va!
Vélo tous les jeudis?
Pourquoi pas?

soixante et un **61**

OBJECTIFS:
Communication
Numéros 30-60

G Mon record personnel

LES CHAMPIONS!

1 J'ai gagné cinquante-huit matchs!

2 J'ai gagné trente-deux médailles!

3 Je fais cinquante kilomètres tous les samedis.

4 Soixante paniers en huit matchs!

5 Quarante et une victoires en judo en deux ans.

6 Trente-neuf buts en douze mois!

  1
- Regarde les photos.
- Relie chaque photo avec le nombre correct.

♦ 41 39 60 32 58 50

♣ 40 57 39 60 35 58 50 41 32 50

exemple : 1 = 58

 2
- Regarde les réponses de l'exercice 1.
- Ecoute bien.
- Trouve les deux erreurs.

 **3** **Six athlètes font des pompes**

- Ecoute la cassette.
- Note le total pour chaque athlète :

♦ en chiffres. exemple : 1 = 34

♣ en chiffres et en lettres. exemple : 1 = 34 **trente-quatre**

30 trente
31 trente et un
32 trente-deux
40 quarante
41 quarante et un
42 quarante-deux
50 cinquante
51 cinquante et un
52 cinquante-deux
60 soixante

62 soixante-deux

4 Au choix

- Travaille avec un(e) partenaire.
- Choisis un exercice (a-d).

Choisir une bonne méthode de travail

Différentes personnes préfèrent différentes méthodes.
Lis les instructions.
Choisis des activités.

Tu fais l'exercice a1 avec moi?

3 + 4 : trois plus quatre
10 − 9 : dix moins neuf

a

1 • A : Dis un nombre.
   • B : Dis le nombre après.
   exemple :
   A — *après trente-trois*
   trente-quatre — B

2 A : Dis un nombre.
   B : Dis le nombre avant.
   exemple :
   A — *avant cinquante-cinq*
   cinquante-quatre — B

3 • Fais des calculs.
   A — *trente-deux plus sept?*
   trente-neuf — B

4 • Fais des calculs.
   A — *quarante-huit moins cinq?*
   quarante-trois — B

b
- A : Dis un nombre.
- B : Ajoute deux.
- A : Ajoute trois.
- Continue.
  exemple :
  A — *trente*
  trente-deux — B
  A — *trente-cinq ...*
- Qui fait une erreur?

c

1 • A : Indique un nombre.
   • B : Dis le nombre, ou écris le nombre en lettres.
   exemple :
   A
   quarante-trois — B
   ou
   quarante-trois

2 • A : Dis un nombre, ou écris un nombre en lettres sur un papier.
   • B : Indique le nombre sur la page.
   exemple :
   A — *quarante-trois*
   ou *quarante-trois*
   B
   39 43 56 60 51 44 30
   49 48 31 52 37 49

 d
- Ecris six nombres (ou plus!) en lettres sur un papier.
- Echange ton papier avec ton/ta partenaire.
- Recopie les nombres en ordre numérique. Vite! Vite! Vite!
- Qui gagne?

H ATELIER

Avant de commencer, cherche les mots dans le dictionnaire.   répéter entre réel
lèvres articuler

 1 Interview
- Travaille en groupe.
- Préparez et faites une interview : deux présentateurs, trois invités.

1 Choisissez les rôles. Invités : personnages réels ou imaginaires? → **2** Introduction – choisissez la musique pour le commencement du programme. Donnez la cassette au prof. → **3** Choisissez un titre.

6 Préparez des réponses. ← **5** Préparez des questions – sur cartes? 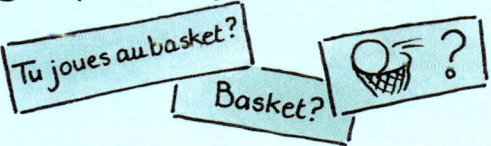 ← **4** Préparez la présentation des invités.

7 Préparez la conclusion. → **8** Répétez : vous allez apprendre les rôles ou lire les cartes? → **9** Faites l'interview : devant la classe? sur cassette? sur cassette-vidéo?

 2 Tu aimes ... ?
- Travaille en groupe.
- A : Copie les phrases pour le sport en ordre de préférence.

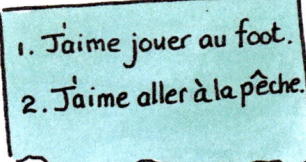

- B, C, D et E : Devine!

C — *Numéro 1 – Tu aimes jouer au rugby?*

A — *Non, ...*

Conversation
Faire des phrases plus longues
Tu joues au foot?
Oui, je joue au foot.
Regarde les phrases:
Oui, je joue au foot, **mais** je préfère jouer au rugby.
Oui, je joue au foot : **en général** je joue tous les samedis.
Oui, je joue au foot : je joue **aussi** au basket.
Oui, je joue au foot : **c'est difficile, mais c'est chouette**!

 3 Jeu de mime
- Travaille avec un(e) partenaire.
- A : Articule une phrase en silence avec les lèvres.
- B : Dis la phrase.

64 soixante-quatre

Préparation | Que sais-tu? | Bilan/Conseil

3 Les loisirs

Révise les sports (page 59).

1 J'aime le vélo
- Ecoute la cassette.
- Note le sport.
  exemple : **I = le vélo**
- Note ou ♥̸, et écris le sport.
  exemple : **I = ♥ le vélo**

FACILE
OUI
Bravo! Passe à l'exercice 2.
NON
Révise les sports encore une fois. Recommence l'exercice.

2 Au centre sportif
- Lis le poster pour le Centre Fleury.

Révise les sports (page 59) et les expressions de fréquence (page 60).

> **CENTRE FLEURY**
> Activités proposées pour la saison
> **SPORTS:**
> vélo: samedi, 10h00
> judo: lundi 19h00, jeudi 20h00
> gymnastique: lundi 17h30, mercredi 19h00, vendredi 19h00
> tennis de table: mardi 17h00, jeudi 17h30
> foot: vendredi 20h30, samedi 10h00, dimanche 10h00
> basket: mardi 18h00, jeudi 18h30, vendredi 18h00

- Dans ton cahier, dessine une page d'agenda.
  exemple :

lun	ven
mar	sam
mer	dim
jeu	

- Pour chaque jour, dessine un symbole pour chaque sport.
- Pour chaque sport, écris une phrase.
  exemple : **Je fais du vélo une fois par semaine.**

FACILE
OUI:
Bravo! Passe à l'exercice 3.
NON:
Révise les sports et les expressions de fréquence encore une fois. Recommence l'exercice.

3 C'est quel numéro?
- Lis les séries de nombres.
- Pour chaque série, écris le nombre qui suit en lettres.

Révise les numéros de 30 à 60 (page 62).

1. cinquante-deux, cinquante-quatre, cinquante-six, cinquante-huit, ?
2. trente, trente et un, trente-trois, trente-six, quarante, quarante-cinq, ?
3. quarante, quarante et un, quarante-trois, quarante-quatre, quarante-six, ?
4. trente-cinq, trente-quatre, trente-sept, trente-six, trente-neuf, trente-huit, ?

FACILE
OUI
Bravo! Invente un série de nombres pour ton/ta partenaire.
NON
Révise les numéros encore une fois. Recommence l'exercice.

soixante-cinq **65**

OBJECTIFS:

Communication
On va organiser des activités.

1 On prépare une fête

Qu'est-ce qu'on va faire?		
J'ai une idée.		
On va	préparer	un article un reportage des posters
	organiser	un stand une loterie des activités
	contacter	la radio
	inviter	une personnalité célèbre

3 Les loisirs

 1
- Copie les noms dans ton cahier.   Martine   Jérémy   Nadia   Fatima   Gilles   Fabrice
- Regarde les phrases a-g dans la bande dessinée.
- Ecoute bien.
- Qui dit quoi? Note les lettres.
  exemple : **Martine = c**
- Vérifie avec un(e) partenaire.

◆ A — *Martine : préparer un article.*   *Oui.* B

♣ A — *Martine dit : on va préparer un article.*   *Oui, c'est ça.* B

 2
- Regarde 🗝. • Ecris tes cinq idées préférées.
- Ecoute bien. • C'est sur ta liste? Oui : répète. Non : silence!

 3 Copie et complète.

1 On va **resinagro enu eiretol**

2 On va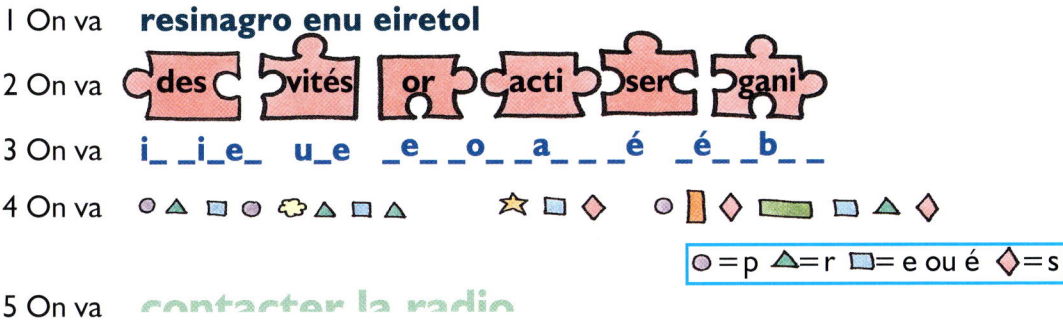

3 On va i_ _i_e_ u_e _e_ _o_ _a_ _ _é_ _é_ _b_ _

4 On va ○△ ▢○ ♧△ ▢△   ☆▢◇ ○▯◇ ▬ ▢△◇

  ○ = p △ = r ▢ = e ou é ◇ = s

5 On va **contacter la radio**

6 On va **qsfqbsfs vo sfqpsubhf**   b = a c = b etc.

 4
- Travaille avec un(e) partenaire.
- Prépare des énigmes comme dans l'exercice 3.
- Echange tes énigmes avec ton/ta partenaire.

5
- Utilise tes cinq idées de l'exercice 2.
- Pose des questions aux camarades de classe.
- Qui a des idées identiques?

A — *On va préparer un article?*

  Oui, d'accord. — B

A — *On va contacter la radio?*

  Ah, non. Au revoir! — B

Poser des questions : intonation

Qu'est-ce qu'on va faire? ↗

On va organiser une loterie? ↗

On va contacter la radio? ↗

Ecoute et répète pour perfectionner!

soixante-sept **67**

OBJECTIFS :

Communication
Je prépare des posters avec ma copine.

J On s'organise!

a   b   c   d   e   f

 1
- Ecoute bien.
- Relie les quatre personnes aux images a-f.

  ♦ exemple :
  Yves = a

  ♣ Ferme le livre. Ecris.
  exemple : **Yves = la radio**

Catherine   Magali   Yves   Karim

2 Avec qui tu fais ça?

- Relie les photos et les phrases.

  a avec mon copain
  b tout seul
  c avec ma copine
  d toute seule
  e avec mon équipe

  ♦ • Note la lettre.
  exemple : **1 = d**

  ♣ • Ecris la phrase.
  exemple : **1 = toute seule**

1   2

3

4   5

 3
- Ecoute bien.
- Relie les quatre personnes de l'exercice 1 et les lettres a – l.
  exemple : **1 = a**

  a tout seul   **g** Véronique
  b l'équipe cycliste **h** Anthony
  c Mohammed   **i** Myriam
  d Luc   **j** Grégoire
  e Virginie   **k** l'équipe du judo
  f toute seule   **l** Nadia

Qui	
Je	prépare des posters?
J'	organise un stand?
On	
Tu	invites une personnalité célèbre
	contactes la radio
Avec qui tu fais ça?	
Avec	mon copain ma copine mon équipe
Tout(e) seul(e)	

68 soixante-huit

4
- Regarde les réponses à l'exercice 3.   • Lis les conversations.
- Trouve les erreurs dans les conversations.

◆ exemple : ~~posters~~   article

♣ exemple : Je prépare des ~~posters~~. ⟶ Je prépare un article.

Conversations

1 – Catherine, tu prépares des posters?
  – Des posters, oui.
  – Avec qui tu fais ça?
  – Avec mon copain Luc et ma copine Myriam.

2 – Yves, tu prépares tout seul?
  – Non, avec l'équipe de judo.
  – Des posters?
  – Non, on organise un stand.

3 – Karim, tu contactes la radio?
  – Oui, avec ma copine, Virginie.

4 – Magali, ça va?
  – Oui, on prépare un article avec mon copain Grégoire.

Infinitif	Verbes conjugués		
préparer	je prépar ?	tu prépar ?	on prépar ?
organiser	j'organis ?	tu organis ?	on organis ?
contacter	je contact ?	tu contact ?	on contact ?
inviter	j'invit ?	tu invit ?	on invit ?

 p.146

5
- Regarde l'illustration.

En groupe
- Choisissez une phrase de l'illustration.
- Notez la phrase sur un papier.
  exemple :

A tour de rôle, individuellement
- Prends un dé.

- Jette le dé deux fois.
- Dis la phrase qui correspond.
  exemple :

Je prépare des posters avec ma copine.

- Tu trouves la phrase sur le papier?
  Alors marque un point.

soixante-neuf **69**

OBJECTIFS :

Communication
Il prépare un reportage.

Grammaire
«il»/«elle» + verbe

K On s'active

Fête-Loisirs au Collège Malraux

Vous avez des projets pour samedi? Allez au Collège Malraux pour la Fête-Loisirs!

Les organisateurs sont Romain et Catherine. Romain a treize ans. Il fait du judo et il adore l'athlétisme. Pour la fête, il organise un stand et il prépare un reportage. Catherine a douze ans. Elle fait de la gymnastique et elle joue au basket. Elle adore dessiner, donc elle prépare des posters – toute seule! A douze ans, pas mal, hein?

1
- Lis l'article.
- Lis les phrases 1-6.
  ◆ • Note «vrai» ou «faux».
     exemple: **1 = faux**
  ♣ • Note «vrai» ou «faux».
     • Corrige les phrases fausses.
     exemple : **1 = faux, La fête, c'est samedi.**

1 La fête, c'est dimanche.
2 Romain organise la fête tout seul.
3 Romain fait de l'athlétisme.
4 Catherine a 13 ans.
5 Catherine joue au basket.
6 Catherine prépare des posters avec Romain.

2
- Travaille avec un(e) partenaire. • Lis encore l'article.
- Invente des questions «vrai ou faux?»

A — *Romain organise la fête avec l'équipe de judo.*

◆ B — *C'est faux.*

♣ B — *C'est faux. Romain organise la fête avec Catherine.*

3
- Lis la continuation de l'article.
- Trouve le bon mot.
  exemple : **1 = fait**
- Copie et complète l'article.

inviter   organise   invite   préfères
joue   faire   prépare   invites   organises
fait   organiser   préfère   préparer

Amandine et Matthias organisent la fête avec Romain et Catherine. Amandine (1) de l'équitation et (2) de la natation tous les week-ends. Elle (3) au basket et au handball. Pour la fête, elle (4) un personnage-mystère. Matthias (5) un reportage et (6) une loterie avec son copain Romain. Comme sports, il (7) le tennis.

Nom	m ou f	il/elle?	verbe
Romain Matthias	m	il	organise prépare
Catherine Armandine	f	elle	joue fait

▶▶ p.146

70 soixante-dix

3 Les loisirs

LE COLLÈGE MALRAUX s'active

samedi –
journée Sports et Loisirs
En collaboration avec Centre Fleury

16h – Le Collège Malraux en concert

football

vélo: 7-10 ans, 11h
11-15 ans, 14h

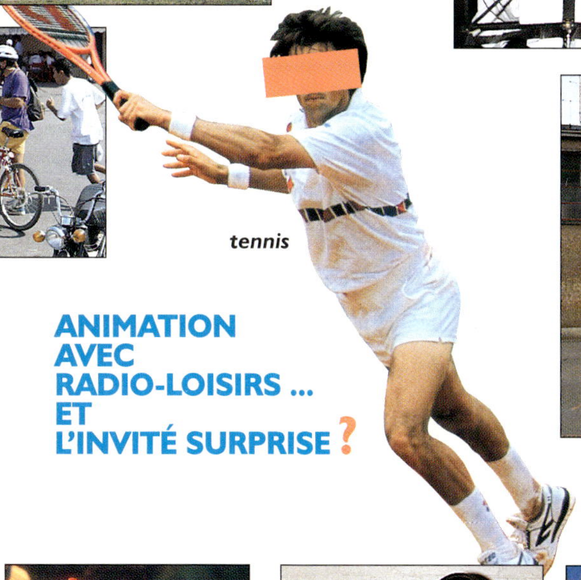

tennis

ANIMATION AVEC RADIO-LOISIRS ... ET L'INVITÉ SURPRISE ?

basket juniors: matin
basket seniors: après-midi

athlétisme

Loterie-Miracle 1er Prix – 10 cours de judo!

tennis de table

judo: 13h et 15h

Clowns et marionettes

4 Lire vite!
- Combien de sports trouves-tu?
- Combien de loisirs?
- Fais une liste de sports et une liste de loisirs.

bricoler   poster   judo   athlétisme   trousse   labo
géo   télé   mardi   cinq   gomme   sondage   basket
reportage   lire   cassette   vingt   salle   chanter
vélo   stylo   bonbons   garage   clown   danser   tente
marionette   tennis de table   stand   tennis   concert

soixante et onze 71

ATELIER

1 Combien de phrases?
- Travaille en groupe.
- Faites des cartes.
- Faites des phrases.
- Utilisez toutes les cartes. • Total de phrases en trois minutes?
- Recommencez. Encore plus de phrases dans trois minutes?

On va · inviter · contacter · la radio · organiser · préparer · un article · une personnalité célèbre · un stand · des posters · une loterie

2 Vite, vite, vite!
- Travaille avec un(e) partenaire.
- Tu as cinq minutes. Regarde 🔑, page 66.
- Ecris un maximum de phrases.
- A compare avec B. Il y a des phrases différentes?
- Recommencez. Encore plus de phrases dans trois minutes?

3 Au choix
- Imagine! Tu prépares une journée Sports et Loisirs pour ton collège.
- Qu'est-ce que tu vas faire? Choisis une activité (a-f).

a Fais un poster. Regarde page 71.

b Ecris un article. Regarde page 70.

c Interviewe l'invité surprise. Choisis une personnalité célèbre. Pose des questions.

d Interviewe les organisateurs. Qui fait quoi?

e Invente une publicité – radio, par exemple, avec un slogan ou un rap.

f Invite un copain ou une copine par carte postale.

428

«LA NORMANDIE PITTORESQUE»
Château de CREULLY (XVe et XVIe siècles) - (Calvados).
Vue nord-ouest sur les remparts.

Cher Daniel,
On organise une journée Sports et Loisirs au Collège Malraux. Je prépare des posters et on va organiser une loterie. Ma copine Magalie va contacter la radio. J'écris aussi un article pour le magazine «Action».
Tu invites des copaines?

A bientôt,

Martine

Daniel Lachaize
45 rue de Montour
45140 Ingré.

Editions Normandes LE GOUBEY
10, rue du 11 Novembre - CAEN (Calvados) -
Imprimé en Italie - Reproduction interdite.

Production LECONTE

72 soixante-douze

3 Les loisirs

Préparation

Révise les activités (page 66).

Que sais-tu?

 1 Qu'est-ce qu'on va faire?
Relie les phrases et les images.
exemple : **1 = d**

a   b   c   d   e

1 On va organiser une loterie.
2 On va contacter la radio.
3 On va organiser un stand.
4 On va préparer un article.
5 On va préparer un poster.

Révise «avec ...» (page 68).

 2 Avec qui tu fais ça?
• Regarde les photos.

1   2   3

4   5

• Mets les lettres dans le bon ordre pour trouver des phrases.
• Relie les phrases et les photos.

cave nmo pinoca   veca nom quepié
uott slue etotu leuse evac am nipoce

Révise les verbes (pages 69 et 71).

3 Verbes, verbes, verbes!
• Copie la grille dans ton cahier.
• Complète les verbes.

Infinitif	Verbes conjugués		
organis ?	j'organise	tu organis ?	il organis ?
jouer	je jou ?	tu jou ?	elle jou ?
contact ?	je contact ?	tu contactes	il contact ?
prépar ?	je prépar ?	tu prépar ?	elle prépare
faire	je fai ?	tu fai ?	on fai ?

Bilan/Conseil

FACILE
OUI
Bravo! Passe à l'exercice 2.
NON
Révise page 66 encore une fois. Cherche les mots dans un dictionnaire. Recommence l'exercice.

FACILE
OUI
Bravo! Passe à l'exercice 3.
NON
Révise page 68 encore une fois. Demande de l'aide à ton prof, si nécessaire. Recommence l'exercice.

FACILE
OUI
Bravo!
NON
Demande de l'aide à ton prof. Révise les verbes encore une fois. Recommence l'exercice.

soixante-treize **73**

UNITÉ 4

Cage ou liberté?

OBJECTIFS:

Communication
J'ai un chat.
Je voudrais un lapin.

Grammaire
pluriel des noms

A La classe visite la mini-ferme

a. Oh, regarde, Charlotte, un lapin! / mini ferme

b. Qu'est-ce que c'est, Charlotte? — C'est un hamster.

c. C'est un hamster aussi, Charlotte? — Non, c'est une souris.

e. Tu as un animal à la maison, Charlotte? — Oui. J'ai deux chats et six poissons.

f. Et toi, Julien, tu as un animal à la maison? — Non, je n'ai pas d'animal.

g. Oh, que c'est bizarre! Un chien avec un oiseau sur le dos! Regarde, Julien.

h. Attention à l'araignée, Julien!

  **1 Tu as un animal?**

- Lis la bande dessinée.
- Regarde les images.
- Imagine les conversations.
- Parle avec un(e) partenaire.

Tu as un animal à la maison?

J'ai Je voudrais	un	chien hamster lapin oiseau
	une	araignée grenouille souris
	deux six	chats poissons
Je n'ai pas d'animal		

74 soixante-quatorze

4 Cage ou liberté?

 2
- Ecoute la cassette.
- C'est quel animal? Devine!
- Parle avant la solution.
- Répète la solution.

3 C'est quel animal?
- Regarde la bande dessinée.
- Ecoute bien.
- Ecris le nom de l'animal.
  exemple : 1 = **une souris**

d *Charlotte! Une grenouille!*

Oui, c'est vrai, Julien. C'est une grenouille.

Tu as J'ai Il a	un	animal chat	
Elle a	une	souris	?
Je n'ai pas Il n'a pas	de	chat souris	
Elle n'a pas	d'	animal araignée	

4 Interview en groupe
- Travaille en groupe de six.
- A, B et C : Interviewez personnes D, E, et F.
  Tu as un animal à la maison?
- D, E et F : Répondez.
  D *J'ai trois chiens.*
   E *J'ai un chat et un oiseau.*
    F *Je n'ai pas d'animal.*
- A, B, et C : Prenez des notes en images.

- A, B, et C : Faites un rapport oral au groupe.
  A *D a trois chiens.*
   B *E a un chat et un oiseau.*
    C *F n'a pas d'animal.*
- Change de rôle dans le groupe.

Noms au pluriel
un chat   deux chat **?**
un poisson deux poisson **?**
Attention!
un oiseau   deux ois**eaux**
un anim**al**   six anim**aux**
une sour**is** vingt sour**is**

 5 Et toi?
- Découpe les photos d'animaux dans des magazines ou dessine des animaux.
- Colle les photos en deux groupes sur du papier.

J'ai	Je voudrais

- Ecris une phrase pour chaque photo.

  exemple : **J'ai un chat.**   **Je voudrais un chien.**

- Cherche dans un dictionnaire d'autres noms d'animaux.

soixante-quinze **75**

OBJECTIFS:

Communication
*Un oiseau vert,
un chat gris ...*

Grammaire
*adjectifs au masculin et
au féminin*

B On a perdu des animaux

1 De quelle couleur?
- Ecoute bien.
- Regarde les photos.
  - ◆ Copie le nom de l'animal.
    exemple : **1 = le chat**
  - ♣ Cache les mots-clés ( ).
  - Ecris le nom de l'animal.
    exemple : **1 = le chat**

2 C'est quel animal?
- Travaille avec un(e) partenaire.
- A : Dis la couleur de l'animal.

  Il est bleu.

- B : Dis le nom de l'animal.

  C'est l'oiseau?

Il est	bleu vert jaune noir gris
Elle est	bleue verte jaune noire grise
C'est	un chien chat oiseau poisson
	une souris grenouille araignée

3 Trouve les paires d'adjectifs
- Ecris les adjectifs dans deux colonnes.

Masculin	Féminin
jaune	jaune
rouge	
noir	noire
vert	
gris	
brun	
blanc		← Attention

*brune   verte   grise
rouge   blanche*

Adjectifs
Définition
Mot pour faire la description
d'un objet ou une personne.
exemple : **un chat gris
une souris grise**

▶▶ p.149

76 soixante-seize

4 Cage ou liberté?

J'utilise un dictionnaire
Dans un dictionnaire,
adjectif = «adj.»

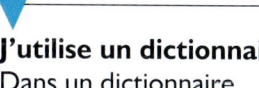 **4** Le rap d'animaux bizarres

Un chat rouge, ça n'existe pas, ça n'existe pas.
Une araignée rouge, oh la la, ça existe !

- Ecoute bien.
- Cherche d'autres couleurs et d'autres adjectifs dans le dictionnaire.
- Ecris un rap.

 5 Animaux perdus

- Lis les petites annonces du journal.
- Pour chaque annonce écris l'animal et la couleur.
  exemple : 1 = **chat gris**
- Dessine l'animal.

Animaux perdus

1 Trouvé – chat, gris, rue Gambetta, 23 mars. Tél. 44.90.51.01

2 On recherche : Chat. Il s'appelle Napoléon. Il a deux ans. Il est noir et blanc. Tél. 54.81.91.03

3 Au secours! J'ai perdu ma souris. Elle s'appelle Minnie. Elle a six mois. Elle est grise. Tél. 56.43.22.38

4 Chien perdu. Il s'appelle Oscar. Il a trois ans. Il est noir. Tél 61.02.77.99

5 Perdu – Oiseau. Il s'appelle Charlot. Il est jaune. Tél. 88.13.15.76

6 Trouvé – chien, blanc, rue de la République, 19 mars. Tél. 51.21.33.89

 6 Animal imaginaire

- Dessine un animal qui n'existe pas!
- Fais une description sur papier ou sur cassette.

 soixante-dix-sept **77**

OBJECTIFS:

Communication
Elle ne court pas.

Grammaire
négatifs

C Chez le vétérinaire

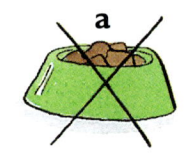
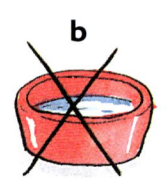

1 Quel est le problème?
- Regarde les images.
- Ecoute la cassette.
- Relie les animaux et les problèmes.
  exemple : 1 = 2a

Un chat Un chien	Il	ne	mange boit joue court dort	pas.
Une souris Une grenouille	Elle			

2 Qu'est-ce qui ne va pas?
- Travaille avec un(e) partenaire.
- Individuellement : regarde les images, exercice 1. `2a, 4b, 1e`
- Parle de trois animaux et les problèmes.
- Avec un(e) partenaire :

A *Qu'est-ce qui ne va pas?*

B *C'est le chien. Il ne mange pas.*

A : Note. `2a`

- A la fin, compare. • Change de rôle.

78 soixante-dix-huit

4 Cage ou liberté?

 3
- Fais un maximum de phrases en cinq minutes.
  exemple : **La souris ne dort pas**.
- Illustre les phrases.

la   boit   chien   ne   joue   chat   court   lapin
mange   souris   le   dort   hamster   pas

 4 Lettre au vétérinaire
- Lis la lettre.
- Réponds aux questions.
  1 C'est quel animal?
  2 Quel est le problème?
  3 Ça va ou ça ne va pas?

Cher vétérinaire,
J'ai un problème et j'espère que vous pourrez m'aider. Alors voilà. J'ai un animal que j'adore. Mais en ce moment il n'est pas dans son état normal. C'est un lapin. Il ne mange pas, il déteste les carottes. Il dort beaucoup. Il ne court pas. Il ne joue pas. Je ne sais pas quoi faire. S'il vous plaît, répondez-moi et aidez-moi.

Mots utiles
- Avec le prof – pour chaque question, décide quels mots chercher pour trouver la solution dans le texte.
- Fais une liste des mots-clés pour trouver la solution.

il	n'	est	pas
il	?	mange	?
il	?	court	?
il	?	joue	?
il	?	sais	?

 5 Prépare une pièce de théâtre
- Travaille en groupe de quatre ou cinq.

Situation
Chez le/la vétérinaire

Personnages
le/la vétérinaire
un ou deux clients
un ou deux animaux

Scénario
Scène 1
Dans la salle d'attente
Scène 2
Dans la salle de consultation

 6 Jeu de patience
- Fais des mots avec les morceaux.

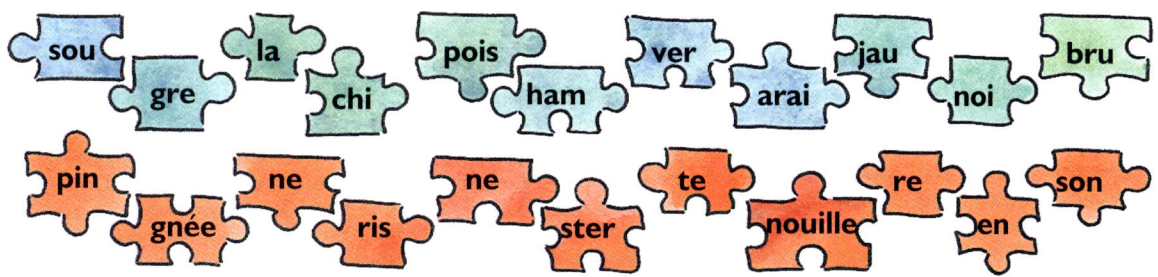

soixante-dix-neuf **79**

D ATELIER

1 Cherche et trouve

• Cherche les mots dans le dictionnaire.

1 poule
2 grenouille
3 chèvre
4 renard
5 hibou
6 guêpe
7 cygne
8 singe

• Relie les mots et les images. exemple : 1 = c
• Masculin ou féminin?
• Ecris les mots. exemple : 1 = c, la poule

2 Dessine!

• Cherche dans le dictionnaire pour les mots soulignés.
• Dessine une image pour chaque phrase.
 1 Voici un chat qui dort sur un <u>coussin</u>.
 2 Voici un oiseau qui mange un <u>ver</u>.
 3 Voici un chien qui joue avec un <u>ballon</u>.
 4 Voici un lapin qui court sur la <u>pelouse</u>.
 5 Voici un hamster qui boit de l'<u>eau</u>.
 • Invente des phrases toi-même!

| Voici | un
une | chat
souris
araignée
? | qui | court
mange
joue
dort
? | dans
sur
avec
? | le
la
une
une | jardin
terrasse
balle
sofa
? |

3 Poèmes

• Ecris des poèmes.
• Utilise le dictionnaire.
• Change l'exemple.

Content
Heureux
Indépendant
Energique
Nerveux

80 quatre-vingts

 **4** Cage ou liberté?

Préparation

Que sais-tu?

Bilan/Conseil

Révise les animaux et les couleurs (pages 74 et 76).

1 Dessine et colorie
• Ecoute bien.

FACILE?

OUI
Ecris les descriptions correctes. Passe à l'exercice 2.

NON
Révise les animaux et les couleurs encore une fois. Recommence l'exercice.

Révise le pluriel des noms (page 75) et les nombres.

2 L'arche de Noé
• Lis «L'arche de Noé».
• Ecoute bien.
• Ecris le nom de l'animal et le nombre.
• Dessine l'animal.
   exemple : **18 vipères**

Noé a un sérieux problème.
Lundi, quarante animaux arrivent.
Mardi, plus de soixante animaux se présentent.
Mercredi, un nombre incroyable d'animaux fait la queue.
«On peut monter dans l'arche?» miaulent les chats.
«Donne-moi une place,» sifflent les serpents.
Jeudi – liste des arrivants :

Vipères	Tarentules	
Hamsters	Grenouilles	Oiseaux
Cochons d'Inde	Poissons	Rats	Souris

Catastrophe! Pour chaque race, deux animaux seulement sont autorisés dans l'arche!

FACILE?

OUI
Bravo! Tu sais les animaux et les nombres. Passe à l'exercice 3.

NON
Revise le pluriel des noms et les nombres encore une fois. Recommence l'exercice.

Révise les adjectifs (page 76).

3 Phrases à adjectif
• Copie les phrases.
• Choisis l'adjectif correct pour compléter la phrase.
  1 J'ai une araignée. Elle est gris/grise .
  2 J'ai un hamster. Il est brun/brune .
  3 Paul a un serpent. Il est vert/verte .
  4 Nicole a une souris. Elle est blanc/blanche .
  5 Le professeur a une perruche.
     Elle est bleu/bleue et vert/verte .
  6 Charlotte a un chien. Il est
     noir/noire et blanc/blanche .

FACILE?

OUI
Extra! – Dessine les animaux de l'exercice.

NON
Révise les animaux et les couleurs encore une fois. Recommence l'exercice.

quatre-vingt-un **81**

OBJECTIFS:

Communication
En Afrique on trouve des lions, des gorilles ...

Grammaire
pluriel des noms (révision)

E Un explorateur rend visite à la classe de Charlotte

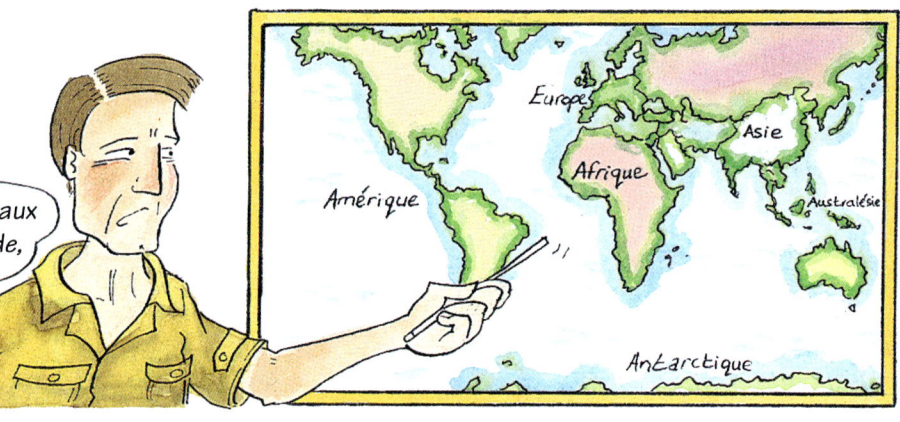

En	Europe Afrique Asie Amérique Australasie Antarctique	on trouve il y a	des	pandas tigres baleines gorilles kiwis

82 quatre-vingt-deux

4 Cage ou liberté?

1 Vrai ou faux?
- Regarde la page 82.
- Lis les phrases.
  1 En Afrique il y a des baleines.
  2 En Europe il y a des tigres.
  3 En Asie on trouve des pandas.
  4 En Antarctique il y a des tigres.
  5 En Australasie on trouve des kiwis.
  6 En Europe on trouve des gorilles.

◆ • Note vrai ✔ ou faux ✘.
   exemple : **1 ✘**

♣ • Corrige les phrases fausses.
   exemple : **1 ✘**
   En Afrique il y a des gorilles.

3
- Regarde les images.
- Ecoute bien.

◆ • Relie les lettres et les images.
   exemple : **1 = d**

♣ • Relie les lettres et les images
   et écris le nom de l'animal.
   exemple : **1 = d, un cerf**

4 Les animaux sauvages
- Travaille en groupe de quatre ou cinq.
- Chaque membre du groupe découpe une photo d'un animal sauvage dans un magazine.
- Colle la photo sur une feuille de papier.
- Cherche le nom de l'animal dans un dictionnaire si nécessaire.
- Ecris une phrase sous la photo.

5 Fort(e) en géo?
- Travaille avec un(e) partenaire.
- Fais des cartes avec des animaux sauvages.
- A : Retourne une carte.

A   *Tigre, Asie.*

   On trouve les tigres en Asie.   B

- Correcte : B garde la carte.
- Change de rôle.
- Qui a le plus de cartes? Qui gagne?

2 Regarde les mots-clés
- Dans le dictionnaire, cherche les mots :

  cerf chameau pingouin
  perroquet lama chimpanzé

- Dessine une image pour illustrer chaque mot.
- C'est masculin ou féminin?

On trouve des chimpanzés en Afrique.

Ecrire sans faire de faute

anglais	français
America	Amérique
tiger	tigre

Trouve d'autres exemples.

quatre-vingt-trois **83**

OBJECTIFS:

Communication
La baleine est en danger

Grammaire
Négation (révision)

F Les espèces menacées

a
Le grand oiseau ici, c'est l'aigle.

b
Et le grand animal ici, c'est le rhinocéros.

c
Et la grande tortue ici, c'est la tortue de mer.

d
L'animal ici c'est le loup. C'est comme un grand chien.

e
Et voici le guépard. C'est comme un petit léopard, et il court très, très vite.

f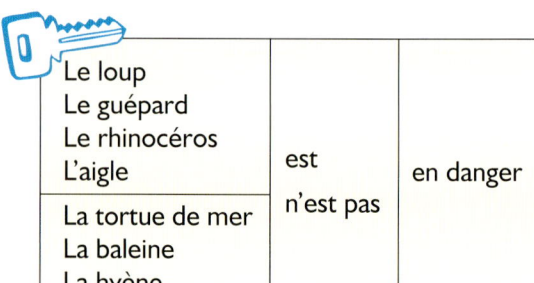
Et voici la baleine.

1 Animaux brouillés

- Regarde les photos.
- Ecoute bien.
- Mets le nom des animaux dans le bon ordre.

préduga	etturo ed rem
legia	shinéroroc
pulo	enileba

Le loup Le guépard Le rhinocéros L'aigle	est	en danger
La tortue de mer La baleine La hyène	n'est pas	

2

- Cherche les animaux dans le serpent.

- Dessine chaque animal.

84 quatre-vingt-quatre

4 Cage ou liberté?

3 Jeu de dix questions

- Travaille avec un(e) partenaire
- A : Ecris le nom d'un animal en secret.
- B : Devine l'animal – dix questions seulement.
- A : Répond avec «Oui» ou «Non» seulement.

   A   *Le gorille*

          L'animal est grand?   B

   A   *Oui.*

          L'animal est brun?   B

   A   *Non.*

          On trouve l'animal en Afrique?   B

   A   *Oui.*

          L'animal est en danger?   B

   A   *Oui.*

          L'animal est noir?   B

   A   *Oui.*

          Alors, l'animal est noir, grand, et en danger. On trouve l'animal en Afrique. Alors c'est le gorille.   B

   A   *Oui, c'est le gorille.*

- Cinq questions seulement = un point.
- Change de rôle.

4 En danger? Pourquoi?

- Ecoute bien.
- Relie chaque animal en danger avec la ou les raison(s) de danger.
  exemple : **l = gorille, c**
- Ecris une phrase.
  exemple :
  Le gorille est en danger à cause de la guerre.

a *l'habitat*

b *la chasse*

c *la guerre*

d *la pollution*

5

- Travaille avec un(e) partenaire.
- Regarde les images, exercice 4.

   A   *Le gorille est en danger?*

          Oui.   B

   A   *Pourquoi?*

          A cause de l'habitat.   B

- Change de rôle.

6 Publicité

Fais un poster pour sauver un animal en danger.
exemple :

Phrases utiles		
Protégez Sauvez	le la l' les	panda/tigre baleine/tortue de mer éléphant/habitat baleines/gorilles
Arrêtez	la	pollution/guerre

quatre-vingt-cinq **85**

OBJECTIFS:

Communication
Je suis pour/contre les zoos

Grammaire
pluriel des adjectifs

G Protéger les animaux?

a b c d

Exemples de captivité
1. *Il y a les zoos.*
2. *Il y a les cirques.*
3. *Il y a les parcs safari.*
4. *Il y a les ménageries.*

1 Quelle sorte de captivité?

- Regarde les photos et lis les phrases.
- Relie les photos et les phrases. exemple : **1 = c**

2 Pour ou contre?

- Ecoute bien.

◆ • Pour chaque personne, note «pour la captivité» ✔, ou «contre la captivité» ✘.
  exemple : **1 = ✘**

♣ • Pour chaque personne écris «pour» ou «contre».
  exemple : **1 = contre**

Les zoos	tu es	pour/contre?
Les parcs safari	je suis	pour/contre

3 Pour quelles raisons?

- Regarde les phrases-clés.
- Regarde les images.
- Fais trois colonnes, «Pour», «Contre», et «Raison».
- Ecoute bien.
- Note le numéro de la question dans la colonne «Pour» ou «Contre».
- Note la lettre de l'image dans la colonne «Raison».
  exemple :

Pour	Contre	Raison
	1	a

a **Les cages sont trop petites.** b **L'environnement est naturel.** c **Les conditions sont mauvaises.**

d **L'habitat est protégé.** e **Il n'y a pas de pollution.** f **Il n'y a pas de guerre.**

... parce que	les cages	sont	sales
	les conditions		mauvaises

86 quatre-vingt-six

4
- Lis les rédactions.
- Ecris le nom de la personne et des notes sur son opinion et de la raison.
- Lis l'exemple avant de commencer.
  exemple : **Nabriz Durand – contre les zoos. Conditions pas naturelles.**

> **Trouver les mots-clés**
> Identifie les mots-clés :
> *pour*, *contre*, *mauvaises*, *naturel*, etc.
> Prendre des notes.
> Ecris seulement les mots-clés.

Nabriz Durand
Moi je n'aime pas les zoos. Les conditions ne sont pas naturelles et les animaux ne sont pas bien. Les zoos ne sont pas naturels

a
Abdoul Green
Je suis pour les zoos. L'habitat est protégé contre les prédateurs. Il n'y a pas de soldats. Il y a beaucoup à manger.

b
Sonia Guilemand
Moi je déteste les ménageries. Les cages sont toujours trop petites, et aussi elles sont souvent sales. Les animaux n'ont pas beaucoup de place. Ils marchent toujours de long en large. Les conditions sont mauvaises.

c
Guillaume Merten
Moi j'adore les parcs safari. Le climat est différent pour les animaux, mais l'environnement est protégé. Les parcs safari sont souvent artificiels, mais les conditions sont bonnes: il n'y a pas de guerre, il n'y a pas de chasseurs, il n'y a pas beaucoup de pollution. Alors les animaux sont bien.

5 Le pluriel des adjectifs
- Copie et complète.
  1 Les parcs safari sont artificiel _.
  2 Les zoos ne sont pas naturel _.
  3 Les cages sont trop petit _.
  4 Les conditions sont mauvais _.

Le pluriel des adjectifs
Copie et complète le tableau.

	Masculin	Féminin
Singulier (une personne)	–	e
Pluriel (deux personnes)	?	?

▶▶ p.151

 6 Sondage
- Copie la grille.
- Interviewe six personnes.
  Toi :
  > Les zoos, tu es pour ou contre?

  Andrew :
  > Je suis pour.

  Toi :
  > Pourquoi?

  Andrew :
  > L'habitat est protégé.

Noms	Sorte de captivité	Pour	Contre	Raison
1 Andrew	zoos cirques ménageries parcs safari	✔		habitat protégé
2 Becky	zoos			

> Une personne est pour les zoos parce que l'habitat est protégé.

- Note les réponses.
- Présente les résultats.

quatre-vingt-sept **87**

H ATELIER

1 Un éléphant se balançait
- Copie le poème sans faire de fautes.
- Ecoute la cassette.
- Avec un fluo, marque le son.

Un éléphant se balançait
Sur une toile d'araignée
Il y trouva tellement d'agrément
Qu'il alla chercher
Un deuxième éléphant.

Deux éléphants se balançaient
Sur une toile d'araignée
Ils y trouvèrent tellement d'agrément
Qu'ils allèrent chercher
Un troisième éléphant.

Trois éléphants se balançaient …

3 Les animaux en France
En France, 55 % des familles ont un animal domestique (record en Europe).
En France il y a :

dix millions de chiens –
une famille sur trois a un chien.
sept millions de chats –
une famille sur quatre a un chat.
neuf millions d'oiseaux –
une famille sur quatre a un oiseau.
huit millions de poissons.
deux millions de lapins, hamsters, singes, tortues, etc.

2
- Ecoute la cassette et lis le poème.
- Trouve le son.
- Arrête la cassette.
- Ecris les mots qui ont le son.
- A Chez moi. Trouve le son 'an'.

A Chez moi
Chez moi, dit la petite fille,
On élève un éléphant.
Le dimanche son œil brille
Quand papa le peint en blanc.

Chez moi, dit le petit garçon,
On élève une tortue.
Elle chante des chansons
En latin et en laitue.

- Trouve le son 'i'.

B Une fourmi
Une fourmi de dix-huit mètres
Avec un chapeau sur la tête
Ça n'existe pas.
Ça n'existe pas.

Une fourmi traînant un char
Plein de pingouins et de canards
Ça n'existe pas.
Ça n'existe pas.

Une fourmi parlant français
Parlant latin et javanais
Ça n'existe pas.
Ça n'existe pas.

Et pourquoi pas?

4 Trouvé dans la presse

Un chercheur de réputation internationale fait des expériences sur les animaux.
Il transmet le virus du SIDA à des chimpanzés. Il possède une Porsche. Le numéro de l'immatriculation?
CHIMP 1

88 quatre-vingt-huit

4 Cage ou liberté?

Préparation

Révise les animaux sauvages (page 82 et 84) et les sortes de captivité (page 86).

Révise les animaux (page 82 et 84), les causes de danger (page 85) et les sortes de captivité (page 86).

Révise le pluriel des adjectifs (page 87).

Révise les animaux et les causes de danger (page 85) et les sortes de captivité (page 86).

Que sais-tu?

1 Hein?
Ecris les mots correctement.

1 un noli
2 un iruceq
3 une nelbeia
4 un hocosnirré
5 un lagie
6 un ozo
7 un gitre
8 un nognipiu
9 un carp raisaf
10 une renémagie

2 Animal, cause de danger, ou sorte de captivité?

- Copie la grille.

No.	Animal	Danger	Captivité
1		chasse	

- Ecoute bien.
- Ecris le mot-clé dans la bonne colonne, comme l'exemple.

3 Phrases correctes
- Copie les phrases.
- Choisis le bon adjectif de la case.

Au zoo
1 Il y a des chimpanzés. Ils sont rapide/rapides , agile/agiles et amusant/amusants .
2 Il y a un crocodile. Il est grand/grande et vert/verte .
3 Il y a aussi des lamas. Ils sont amusant/amusants et méchant/méchants .
4 Les conditions dans les zoos ne sont pas naturelle/naturelles . Les enclos sont trop petit/petits et artificiel/artificiels . Les habitats sont protégé/protégés , mais ils ne sont pas naturel/naturels .

4 Et toi?
- Qu'est-ce que tu penses des zoos, des cirques, des parcs safari?
- Ecris des slogans ou des phrases.
- Ecris une lettre au journal.

Bilan/Conseil

OUI
Ecris quatre phrases.
exemple : Les lions ne sont pas en danger.
Passe à l'exercice 2
NON
Révise les animaux sauvages et les sortes de captivité encore une fois. Recommence l'exercice.

OUI
Passe à l'exercice 3.
NON
Révise les animaux, les causes de danger et les sortes de captivité encore une fois. Recommence l'exercice.

FACILE
OUI
Extra! Passe à l'exercice 4.
NON
Révise le pluriel des adjectifs encore une fois. Recommence l'exercice.

OUI
Illustre tes phrases ou ta lettre pour envoyer au Premier Ministre!
NON
Revise les animaux sauvages et les causes de danger, et les sortes de captivité encore une fois. Recommence l'exercice.

quatre-vingt-neuf 89

OBJECTIFS:

Communication
J'ai un frère et deux sœurs.

1 Ma famille et les animaux

a Je vais organiser une manif. Oui, mais avec qui?
Non à la vivisection!
Non! Pas de cage!
Je vais inviter mon frère et mes sœurs.

b Et toi, Sonia, tu as des frères et sœurs?
Non, je suis fille unique.

c Et toi Carine?
J'ai trois sœurs.

d Et toi Nguyen?
J'ai deux frères, un demi-frère et deux demi-sœurs.

e Et toi, Jonathan?
J'ai un frère et une sœur.

f Marc, tu as des frères et sœurs?
J'ai trois frères et une sœur.

g Et toi, Muriel?
J'ai trois sœurs.

---

1 Ça fait combien de personnes?
- Copie la grille dans ton cahier.
- Ecoute bien.
- Complète la grille comme l'exemple.

Nom	Frères	Sœurs	Total
Christophe	2	1	4
Sonia			
Carine			
Nguyen			
Jonathan			
Marc			
Muriel			

2
- Travaille avec un(e) partenaire.
- A : Invente une famille. C'est un secret.
- B : Devine.

B 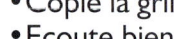 *Tu as des frères?*

Oui.  A

B *Tu as deux frères?*

Non. A

- Continue. Change de rôle.

Tu as des frères ou des sœurs?			
Oui,	j'ai	un une cinq	frère demi-frère sœur demi-sœur demi-sœurs
Non,	je n'ai pas	de de	frère sœur
	je suis	fils unique	fille unique

90 quatre-vingt-dix

3 Images de famille

- Regarde les images.
- Lis les phrases.
- Ecris «vrai» ou «faux».

- Corrige les phrases fausses.
  1 Voici mon père avec le chien.
  2 Voici ma mère avec la souris.
  3 Voici mon frère avec l'oiseau.
  4 Voici mon frère avec le lapin.

4 Des lettres de correspondants

- Lis les lettres.

1
Salut!
Je m'appelle Stéphane. J'ai treize ans. J'ai un frère et deux sœurs. J'ai un chien, Napoléon, et un lapin, Roger. Je déteste les zoos – c'est cruel. On va organiser une manifestation?
Stéphane

2
Salut!
Je m'appelle Annick. J'ai douze ans. J'ai deux sœurs. J'ai un chat, Minou. Je suis contre les ménageries.
Annick.

3
Salut!
Je m'appelle Claudine. J'ai onze ans. J'ai deux frères et une sœur. J'ai un hamster, Tonton. Je suis pour les parcs safari, parce que l'habitat est naturel. Je suis contre les zoos parce que les cages sont petites.
Claudine

- Copie et complète la grille.

Nom	Age	Frères	Sœurs	Animaux
Stéphane		1		chien

5 Et toi

- Remplis les blancs pour écrire une lettre à Charlotte.

Salut!
Je m'appelle ....
J'ai .... ans. J'ai ....
frère(s) et .... sœur(s).
J'ai un(e) ....
Au revoir!

Regarde les lettres, exercice 4.

J'ai un frère	Il s'appelle Mathieu
J'ai deux frères et un demi-frère	Ils s'appellent Jean, Luc et Paul
J'ai une sœur	Elle s'appelle Elif
J'ai deux demi-sœurs	Elles s'appellent Zöe et Nabriz
J'ai un frère et une sœur	Ils s'appellent Yves et Françoise

OBJECTIFS:

Communication
Il s'appelle Julien.
Il a dix-huit ans.

Grammaire
«il/elle a» et «ils/elles ont»

J Organiser une manifestation

 **1 Listes**

- Copie les quatre listes.
- Regarde la bande dessinée.
- Ecoute bien.
- Ecris les noms et les âges sur les listes.

1 Moins de huit ans – faire des badges.
2 8 à 10 ans – préparer des slogans.
3 11 à 13 ans – inventer des raps ou des chansons.
4 14 à 18 ans – écrire des lettres et des articles.

Badges	Slogans	Raps ou chansons	Lettres ou articles
		Carine – 13 ans	

Annabelle Charlène Carine
Stéphanie Patrick Sonia
Nadine Jonathan Julien

 **2 La personne mystère**
Moi, c'est qui?

92 quatre-vingt-douze

3 Imagine : tu vas participer à la manif.
- Invente une famille ou présente ta vraie famille.
- Ecris une note pour Charlotte ou enregistre une cassette.

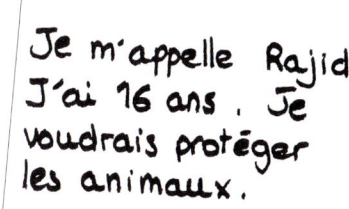

Il / Elle	s'appelle	comment? Michel(le)	Il / Elle	a	quel âge? onze ans
Ils / Elles	s'appellent		Ils / Elles	ont	

4 Des groupes plus importants
- Lis les lettres.
- Ajoute les noms et les âges sur les listes de l'exercice 1.

1
Je m'appelle Charlotte. J'ai un frère, Pierre. Il a huit ans.

2
Je m'appelle Rajid. J'ai 16 ans. Je voudrais protéger les animaux.

3
Je m'appelle Sonia. Je voudrais faire des badges. J'ai huit ans. Mon frère a sept ans. Il s'appelle Paul.

5 Qui fait quoi?
- Ecris des notes sur ta famille.
  exemple : **Mon frère s'appelle Robert. Il a sept ans. Il va faire des badges.**

Mon frère / Ma sœur s'appelle _____

Il / Elle a _____ ans

Il / Elle va { faire des badges / préparer des slogans / inventer des raps }

6 Ma famille par écrit
- Dessine ou colle des photos de ta famille.
  ◆ • Ecris des notes.
  ♣ • Ecris un paragraphe.

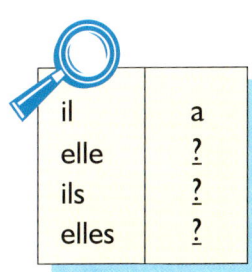

il	a
elle	?
ils	?
elles	?

4 Cage ou *liberté*?

OBJECTIFS:

Communication
*J'ai treize ans.
La baleine est en danger.*

K Le grand jour est arrivé

Animaux Liberté!

Non! Pas de cage!

Non aux zoos!

Sauvez les pandas!

1 Fais un ou deux badges sur la protection des animaux.

1. *J'aime mon chat.*
2. *Les ours ne dansent pas.*
3. *Protégez les dauphins.*
4. *Gorille, on t'adore.*

2 Encore des slogans
- Travaille en groupes de quatre ou cinq.
- Révisez page 85.
- Inventez des slogans.
- Répétez les slogans en groupe.
- Enregistrez les slogans sur une cassette.

3 Le rap des animaux menacés
- Ecoute le rap.
- Compose un poème ou un rap sur les animaux sauvages ou domestiques.

*La baleine est en danger
Sauvez les baleines!
Le panda est mon copain
Sauvez les pandas!
La girafe est ma copine
Sauvez la girafe!*

94 quatre-vingt-quatre

4 Cage ou liberté?

4 On téléphone à la radio.
- Ecoute l'émission de radio.
    - Prends des notes sur chaque personne.
      exemple : **Julie = 13 ans, 1 frère, 1 chien, contre les zoos**
    - Ecris un petit paragraphe sur chaque personne.
      exemple : **Julie a treize ans. Elle a un chien. Elle est contre les zoos.**

5
- Lis les lettres dans le journal.
- Cherche les mots que tu ne comprends pas.
  exemple : **la santé = health**

> Chers Lecteurs,
> Vous aimez les animaux?
> Vous préférez un chat triste ou un chat heureux? Un chien gentil ou un chien méchant? Protégez vos animaux!
> Alors, qu'est-ce qui est nécessaire?
> • La santé
> • L'hygiène
> • L'amour
> • Une bonne nourriture
> Alors, attention : vous achetez un animal? Vous êtes responsable.
> Classe de 6e B2, Collège Blériot.

> Chers Lecteurs,
> Je m'appelle Christophe. J'ai treize ans. Je suis fils unique. J'ai deux chiens. Je suis contre la pollution.
> La baleine est en danger à cause de la pollution. Arrêtez la pollution de mer! Christophe.

6 Et toi?
- Ecris une lettre au journal.

7 Qu'est-ce qu'il y a au zoo?

- Regarde l'image.
- Réponds au questions.
    exemple : 1 = **douze**
    exemple :
      1 = **Il y a douze pingouins.**

1 Il y a combien de pingouins?
2 Il y a combien de girafes?
3 Il y a combien de gorilles?
4 Il y a combien de lions?
5 Il y a combien d'ours?
6 Il y a combien de pandas?
7 Il y a combien de chimpanzés?
8 Il y a combien de crocodiles?

quatre-vingt-cinq **95**

L'ATELIER

SOS ANIMAUX

Alerte! Beaucoup d'animaux sont en voie de disparition!
Ainsi, l'ours blanc, l'éléphant d'Afrique, l'orang-outang et le tigre sont en danger.
Pourquoi? Comment le WWF les protège-t-il?

L'OURS BLANC

COMBIEN IL EN RESTE? Moins de 100 000 près du pôle nord.
POURQUOI IL DISPARAIT? Il a été beaucoup chassé. Aujourd'hui il est dérangé par les industries qui s'installent dans le grand Nord. En plus, la nourriture qu'il aime devient rare.
QUE FAIT LE WWF? Il a fait interdire la chasse à l'ours blanc sauf pour les esquimaux qui s'en nourrissent. Il étudie sa vie et surveille ses déplacements.

LE TIGRE

COMBIEN IL EN RESTE? Environ 6 000 en Asie.
POURQUOI IL DISPARAIT? On l'a beaucoup chassé autrefois. Des paysans le tuent encore de peur qu'il ne s'attaque au bétail. Et puis on abat les forêts où il vit pour en faire des champs cultivés.
QUE FAIT LE WWF? Depuis 20 ans, il finance une partie de "opération-tigre" en Inde: des réserves ont été créés, la chasse a été interdit. Au Bengale, les tigres sont passés de 2 000 à 4 000:

 1 L'ours blanc ou le tigre?

- Lis les articles.
- Lis les phrases.
- Décide : c'est l'ours blanc ou le tigre?
  exemple : **1 = le tigre**
1 On trouve cet animal en Asie.
2 Il y a seulement 100000 animaux sur la planète.
3 Les animaux étaient en danger à cause de la chasse.
4 Ces animaux sont en danger à cause des industries.
5 Ces animaux sont en danger à cause de la disparition de la forêt.
6 Il est interdit de chasser ces animaux.

 2 Qu'est-ce qu'ils pensent?

- Ecoute les trois interviews à la radio.
- Pour chaque interview, écris ou dessine:
  – le nom de la personne.
  – l'animal ou les animaux.
  – le problème ou la cause du problème.
  – une solution.

4 Cage ou liberté?

Préparation

Révise les relations familiales (page 90) et les âges (page 93).

Que sais-tu?

1 Ma famille

• Regarde les photos.

    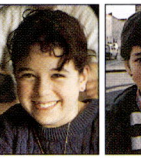 

Richard Zoë   Moi   Lucie   Sonia   Henri
20 ans   17 ans   13 ans 11 ans   11 ans   8 ans

• Complète les phrases.
1 J'ai deux _ _ _ _ _ _ et trois _ _ _ _ _ _.
2 Mon grand _ _ _ _ _ s'appelle Richard.
3 Mon petit _ _ _ _ _ a huit ans.
4 Mes _ _ _ _ _ _ s'appellent Zöe, Lucie et Sonia.
5 Mes _ _ _ _ _ _ ont _ _ _ _ _ et _ _ _ _ ans.

2 «Blip»

• Travaille avec un(e) partenaire.
• A : Ferme le livre et écoute.
• B : Lis les quatre phrases avec «Blip».
• A : Remplace «Blip» par «a» ou «ont» :

1 Mon frère Paul «Blip» sept ans.
2 Mes sœurs Sophie et Cathérine «Blip» dix ans.
3 Ma sœur Julie «Blip» dix-huit ans.

• Change de rôle.

4 Mes animaux Boule et Bill «Blip» douze ans.
5 Ma grenouille Zelda «Blip» huit mois.
6 Mes oiseaux Tuit et Cuicui «Blip» deux ans.

Révise «a» ou «ont» avec les âges (page 93).

3 Le hareng saur

• Tu as cinq minutes.
• Ecoute et apprends le poème par cœur.

Il était un grand mur blanc
nu, nu, nu
Contre le mur, une échelle
haute, haute, haute
Et par terre un hareng saur
sec, sec, sec.

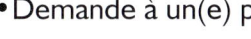

• Demande à un(e) partenaire de te tester.

Bilan/Conseil

FACILE

OUI
Extra! Invente un arbre généalogique et un quiz pour ton/ta partenaire. Passe à l'exercice 2.
NON
Quel est le problème? Les frères et les sœurs? Les âges? Révise encore une fois. Demande de l'aide à ton prof. Recommence l'exercice.

FACILE

OUI
Bravo! Révise «s'appelle» et «s'appellent». Avec ton/ta partenaire prépare encore des phrases «Blip».
exemple : Mon frère «Blip» Paul.
Passe à l'exercice 3.
NON
Révise «a» ou «ont avec les âges encore une fois. Recommence l'exercice.

FACILE

OUI
Demande à ton/ta partenaire de te tester lundi.
NON
Répète après la cassette. Commence par la fin de la ligne.

quatre-vingt-sept 97

UNITÉ 5 On déménage

A La maison de vos rêves

Qu'est-ce que c'est? Une lettre de Paris?

Mon Dieu!

Mais on va habiter où . . . ?

LA MAISON DE ♥VOS REVES♥ FELICITATIONS

a *en ville . . . ?*

b *à la campagne . . . ?*

c *dans une maison . . . ?*

d *dans un village . . . ?*

e *dans un appartement . . . ?*

f *dans une ferme . . . ?*

	en ville
	à la campagne
J'habite	dans un village
Paul habite	dans une ferme
	dans une maison
	dans un appartement

 Comment ça se dit en français?

- Cherche dans un dictionnaire.

  1 *at the seaside*

  _ _ / _ _ _ _ / _ _ / _ _ / _ _ _

  2 *in the mountains*

  _ / _ _ / _ _ _ _ _ _ _ _

98 quatre-vingt-dix-huit

5 On déménage

2
- Regarde les images, page 98.
- Ecoute bien.
- Note l'image.
  exemple : **l = f**

3 Tu habites où?
- Regarde les images.
- Ecoute bien

a   b   c   d   e

◆ • Mets les images en ordre.
exemple : **c, ...**

Paul   Lisette   Marc   Gaëlle

♣ • Ecris une phrase pour chaque image.
exemple : **Paul habite en ville**.

4
- Travaille avec un(e) partenaire.
- A : Choisis une situation (en secret).
- B : Devine!

A   *J'habite en ville.*

     Tu habites dans un village?   B

A   *Non.*

     Tu habites en ville?   B

A   *Oui, j'habite en ville.*

- Change de rôle.

Attention!
au bord de la mer
à la campagne
à la montagne
en ville

5
- Remplis les blancs.
- Ecris les réponses dans ton cahier.

1 J'h _ _ i _ e dans un v _ _ _ _ g_.

2 Tu _ _ b _ _ e_ dans une _ e _ _ e?

3 T_ h _ _ i _ e_ dans une _ _ i _ o _ ?

quatre-vingt-dix-neuf **99**

OBJECTIFS:

Communication
Il y a un séjour ...

Grammaire
adjectifs
«il y a»

B Dans la maison de vos rêves

a. Il y a une grande cuisine ...
b. Il y a un séjour confortable ...
c. Il y a deux salles de bains ...
d. Il y a deux W.-C.
e. Il y a trois chambres ...
f. Il y a une grande salle à manger ...
g. Il y a une grande piscine dans le jardin ...
h. ... et il y a un garage pour la Rolls, un garage pour la Mercédès, et un garage pour la BMW!

Il y a	un	grand	séjour garage jardin W.-C.
	une	grande	cuisine salle à manger chambre piscine salle de bains

Position des adjectifs
un <u>petit</u> ou un <u>grand</u> séjour?
une <u>petite</u> ou une <u>grande</u> cuisine?
un séjour <u>confortable</u> ou <u>horrible</u>?

«Petit» et «grand» vont <u>avant</u>.
Les autres adjectifs vont <u>après</u> le nom qu'ils décrivent.

 p.149

100 cent

5 On déménage

1
- Regarde les images, page 100.
- Ecoute bien.
  - ◆ Note l'image.
    exemple : **I** = **b**
  - ♣ Ecris le nom de la pièce.
    exemple : **I** = **le séjour**

2
- Travaille avec un(e) partenaire.

 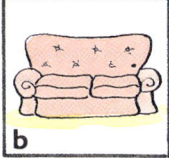   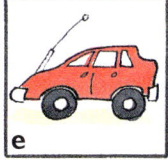 
a   b   c   d   e   f

- A : Indique une image.
- B : Devine la pièce!
- Change de rôle.

3
- Lis les mots brouillés.
- Ecris le nom de la pièce.
- Dessine un symbole pour chaque pièce.
  exemple : **I** = **chambre**

| 1 berhamc | 2 lelas ed snaib | 3 niseuci |
| 4 ragega | 5 slale à rengam | 6 roujés |

4
- Lis l'annonce.
  - ◆ Dessine un symbole pour chaque pièce.
    exemple : **la cuisine**
  - ♣ Imagine et écris une description de l'appartement et dessine des symboles.
    exemple :
    Il y a une grande cuisine blanche.

APPARTEMENT A VENDRE

Nancy-Maxeville cuisine, séjour, deux chambres, salle de bains, confortable.
560,000FF
54.16.19.31 le soir
----

5 Et toi!
- ◆ Dessine un plan de ta maison.
- Ecris le nom des pièces.
- ♣ Ta maison est à vendre!
- Ecris l'annonce pour le journal (regarde l'exercice 4).

OBJECTIFS:

Communication
Dans ma chambre il y a un lit, ...

Grammaire
«mon», «ma», «mes»
prépositions

C On déménage

Les meubles

 l'ordinateur

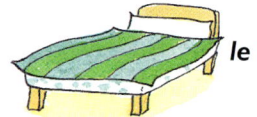 le lit

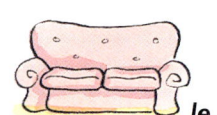 le sofa

 l'armoire

 le frigo

 la chaise

 la table

 la commode

 la machine à laver

 le poster

 le baladeur

 la télé

 les livres

 les étagères

  1
- Regarde les images.
- Ecoute bien.
  ♦ • Note l'objet
     exemple : 1 = **les livres**
  ♣ • Tu es la personne. Note l'objet.
     exemple : 1 = **mes livres**

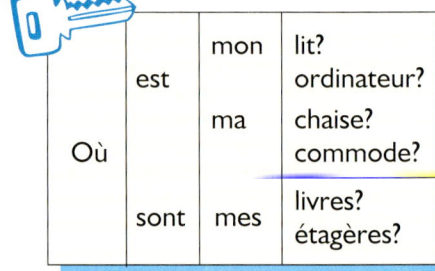

		mon	lit? ordinateur?
Où	est	ma	chaise? commode?
	sont	mes	livres? étagères?

102 cent deux

5 On déménage

 2 Où est?
- Travaille avec un(e) partenaire.
- A : Choisis une pièce.

Dans ma chambre?

- B : Regarde les images.
  Réponds avec l'objet correct.

Il y a un lit.

Pour t'aider
Il y a une télé.

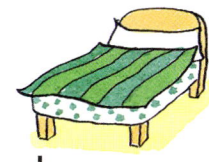 1  2

3   4   5   6

 **3**
- Travaille avec un(e) partenaire.
- Prépare trois cartes.

- A : Retourne une carte.
- B *Il y a ma table?*

article	c'est à moi
le baladeur	mon baladeur
le lit	? lit
l'ordinateur	? ordinateur
la chaise	? chaise
la fille	? fille
l'armoire	? armoire
les étagères	? étagères
les livres	? livres

 4
- Lis le poème.

  - Dessine la chambre du poème.
  - Ecris un poème sur ta chambre.
    - Utilise un dictionnaire si c'est nécessaire.

*Ma chambre,
c'est ... ma télé,
ma chaise,
mes posters,
mon lit,
mes livres,
calme,
tranquille,
C'est à MOI!*

 **5 Ta chambre idéale**

- Dans un magazine, trouve une photo de ta chambre idéale.
- Ecris la description de la chambre.
- Lis la description à ton/ta partenaire, à ton groupe, ou à ta classe.
  exemple :

Ma chambre est très grande. Il y a un lit,

cent trois **103**

D ATELIER

1 Les déménageurs font des erreurs
- Écoute bien.
- Écris une liste des meubles et des pièces.
  exemple : **1 = lit, séjour**
- Maintenant dessine la maison d'après la liste. C'est bizarre, non?

2 «Côté du ruisseau»

«Côté du ruisseau» est un feuilleton à la télé.
- Choisis trois personnages d'un feuilleton.
- Dessine une maison pour chaque personnage.
- Écris une description de chaque maison.
- Fais une carte d'identité pour chaque personnage.

3 Par le trou de la serrure
- Trouve des photos de la maison d'une personne très célèbre (utilise le magazine «Hello», par exemple).
- Découpe les photos.
- Colle les photos sur une feuille de papier.
- Écris un légende pour chaque photo.
- Colle le papier au mur dans la salle de classe.
- Tes copains/copines devinent à qui est la maison?
  exemple : **C'est à Arnie.**

4 Le jeu des anagrammes
- Travaille avec un(e) partenaire.
- Prends un jeton.
- Commence au rez-de-chaussée.
- Regarde les anagrammes.
- Dis le premier mot correctement : **chambre**
  Monte au numéro un.
- Tu as vingt secondes! Continue à tour de rôle!
- Tu arrives le premier au numéro huit?
- Bravo! Tu as gagné!

commence ici →

n°8 / n°7 / n°6 / n°5 / n°4 / n°3 / n°2 / n°1 / R-C

bremach   rajnid
          leliv
ragega   mfree
    decmoo   osaf
  lelas à regnam
bleta   nipscie
pagencam   rusojé

104 cent quatre

5 On déménage

Préparation   *Que sais-tu?*   *Bilan/Conseil*

1 Relie!

a   b   c   d

1. J'habite une ferme à Gency.
2. J'habite Kinshasa. C'est une grande ville du Zaïre.
3. Mon village s'appelle Lesconil. C'est en Bretagne.
4. Moi, j'habite un appartement dans le centre de Marseille.

- Lis les lettres.
- ♦ Relie les lettres et les images. exemple : **1 = d**
- ♣ Trouve le mot clé pour chaque image. exemple : **1 = ferme**

Révise les situations géographiques (🔑 page 98).

FACILE?
OUI
Passe à l'exercice 2.
NON
Révise les situations géographiques encore une fois. Recommence l'exercice.

2 Remplis les blancs

- Dessine un symbole pour chaque mot. exemple : **1 = chaise**

1 c _ _ is _   2 ord_na_e_r
3 _ _ bl _   4 l_ _re_
5 _ _ ig _   6 ar_o_r_

Révise les meubles (🔑 page 102).

FACILE?
OUI
Invente encore deux exemples pour ton/ta partenaire. Passe à l'exercice 3.
NON
Revise les meubles encore une fois. Recommence l'exercice.

3 Phrases brouillées

- Déchiffre les phrases brouillées.
- Dessine une image pour chaque phrase.

1 posters mes Où sont?
2 a cuisine dans frigo Il ma un y.
3 a confortable dans grand Il mon petit séjour sofa un y.

Révise les situations géographiques, page 98).

FACILE?
OUI
Bravo!
NON
Révise les situations géographiques encore une fois. Recommence l'exercice.

cent cinq **105**

OBJECTIFS:

Communication
Dans mon quartier, il y a .../il n'y a pas de ...

Grammaire
Il n'y a pas de ...

E Alors tu habites là ... !

Salut, Sophie!

Salut, Nabila! Alors, tu habites là ...?

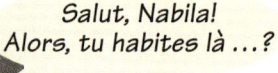

Oui, j'habite ici. Et dans mon quartier il y a ...

des rues, ... *des maisons, ...* *des magasins, ...*

des arbres, ...

a  b  c  d

un musée, ... *un parc, ...*

des églises, ...

e  f g  h

i

des monuments, ... *et un stade.*

 1
- Ecoute bien.
  - Note l'image et écris le mot.
  exemple : **1 = i, un stade**

Il y a	un	parc stade
	une	église
	des	monuments magasins rues maisons arbres

2
- Lis la lettre de Monique.
  ♦ • Regarde les quatre phrases.
  • Ecris correct ✔ ou incorrect ✘.
  exemple : **1 = ✘**
  ♣ • Corrige les erreurs dans les quatre phrases.
  exemple : **Il y a deux parcs**.
  1 Il y a un parc.
  2 Il y a des monuments.
  3 Il y a deux stades.
  4 Il y a beaucoup de magasins.

Dans mon quartier il y a deux parcs, et il y a des monuments aussi. C'est joli. Il y a plein de rues, et des maisons. Il y a aussi un stade et beaucoup de magasins. Ecris-moi bientôt,
Monique

5 On déménage

 3 • Travaille avec un(e) partenaire.

A — *Dans mon quartier il y a un stade.*

B — *Dans mon quartier il y a un stade et des maisons.*

A — *Dans mon quartier il y a un stade, des maisons et un musée …*

Pour faire des phrases compliquées
Utilise les mots «aussi» et «mais».
exemple : **Il y a un stade, et aussi un parc, mais il n'y a pas de cinéma.**

 4 Il n'y a pas de . . .

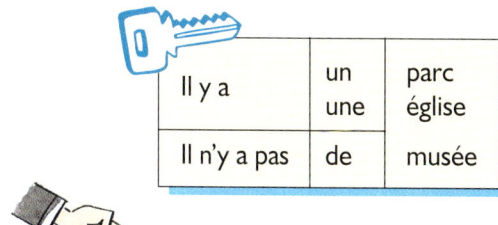

| Il y a | un / une | parc / église |
| Il n'y a pas | de | musée |

• Travaille avec un(e) partenaire.
  • A : Indique une image.
  • B : Fais le commentaire.
  • Change de rôle!
• Ecris une phrase pour chaque image.
  exemple : 1 = **Il n'y a pas de stade.**

A

Il n'y a pas de stade. B

 5 Moitiéville

A Moitiéville il y a deux quartiers :

Pasmal

L'Ennui

• Ecris deux ou trois phrases pour comparer les deux quartiers, Pasmal et L'Ennui.

exemple : **A Pasmal il y a un stade, mais il n'y pas de monuments.**

Il n'y a pas   de stade.
             ? parc.
             ? musée.
             ? magasins.
             ? monuments.
Attention! Il n'y a pas <u>d'</u>église.

 6 • Fais une brochure pour Moitiéville.
  • Trouve des photos ou dessine les illustrations.
  • Ecris les mots pour chaque image.
  • Ecris le texte pour la brochure.
    Qu'est-ce qu'il y a à Moitiéville?

cent sept **107**

OBJECTIFS:

Communication
On peut aller au cinéma.

Grammaire
«On peut» + infinitif

F Qu'est-ce qu'on peut faire?

C'est chouette ici, Nabila, mais qu'est-ce qu'on peut faire?

Oh, il y a plein de trucs à faire...

On peut aller au cinéma...

On peut faire les magasins...

Et on peut aller à la piscine...

a

c

e

et au théâtre.

et faire des promenades.

et aller au club des jeunes.

b

d

f

1
- Regarde les photos.
- Ecoute bien.
- Ecris l'expression pour chaque photo.
  exemple : **1 = piscine**

On peut	aller	au cinéma au théâtre
	faire	les magasins des promenades
	jouer	au golf au tennis

2
- Travaille avec un(e) partenaire.
- A : Pose une question.

  Qu'est-ce qu'on peut faire?

- B : Répond.

  *On peut aller au cinéma.
  C'est super.*

- A : Indique la bonne photo.
- Change de rôle!

Opinions, réactions
Pour donner une opinion ou une réaction :

😊 **C'est ...** chouette, génial, super, mignon, agréable

☹️ **C'est ...** nul, ennuyeux, désagréable, minable, pas génial, moche, sale

108 cent huit

5 On déménage

 3 Vrai ou faux?

Dans le quartier de Nabila ...		VRAI	FAUX
1 on peut faire du ski.		B	P
2 on peut jouer au golf.		Q	I
3 on peut aller au cinéma.		S	R
4 on peut jouer au tennis.		T	C
5 on peut faire les magasins.		I	V
6 on peut aller au club des jeunes.		N	L
7 on peut jouer au rugby.		J	E

- Regarde les photos, page 108.
- Choisis VRAI ou FAUX pour chaque phrase.
- Entoure la bonne lettre.
  exemple : **1 B** (P)
- Copie la bonne lettre.
- Trouve le mot caché!

piscine

  4 Qu'est-ce qu'on peut faire dans ton quartier?
- Regarde les phrases de l'exercice 3.
- Copie ou invente des phrases pour ton quartier.
  exemple : **Dans mon quartier on peut jouer au tennis.**
- Vérifie avec ton prof si c'est nécessaire.
- Il y a autre chose à faire dans ton quartier?

 **5**
- Prépare une brochure sur ton quartier.
- Trouve des photos, ou dessine les images.
- Ecris une phrase pour chaque image.

On peut jouer au golf.
On peut ? au tennis.
On peut aller au cinéma.
On peut ? au théâtre.
On peut faire les magasins.
Attention! On peut ? des promenades.

 p.148

cent neuf **109**

OBJECTIFS:

Communication
Je trouve ça génial parce que ...
C'est désagréable parce que ...

G Qu'est-ce que tu en penses?

| C'est | génial | 😊 | parce que les rues sont propres |
| Je trouve ça | désagréable | 😟 | parce que les rues sont sales |

Alors, Sophie, qu'est-ce que tu en penses?

C'est pas mal ...

Il y a un cinéma ...

et un stade ...

et les rues sont propres.

Mais c'est désagréable aussi

parce qu'il n'y a pas de patinoire ...

et il n'y a pas de bowling ...

et les parcs sont sales

et la place est désagréable.

- Ecoute bien.
- Fais deux listes : aspects agréables.
  aspects désagréables.
  - ♦ Note le numéro de la phrase.
  - ♣ Note les raisons dans la bonne colonne.

110 cent dix

5 On déménage

 2 La lettre de Sophie
- Lis la lettre de Sophie et regarde les phrases.

- Vrai ou faux?
  1 Il y a un bowling
  2 Les rues sont sales.
  3 Le parc est sale.
  4 Il y a un cinéma.
  5 Il n'y a pas de stade.

> Le quartier où habite Nabila est agréable. Les rues sont propres, il y a un cinéma et un stade. Mais, tu sais, c'est désagréable aussi, parce que le parc est sale et il n'y a pas de bowling.
> Amitiés,
> Sophie

 3
- Travaille avec un(e) partenaire.
- Parle des aspects agréables de ton quartier.
- Parle des aspects désagréables de ton quartier.

A — *Bromsgrove, c'est agréable, parce qu'il y a une piscine.*

B — *Non, c'est désagréable, parce qu'il n'y a pas de cinéma.*

 4
- Fais des phrases.
  exemple : **Je trouve ça génial parce qu'il y a un cinéma.**

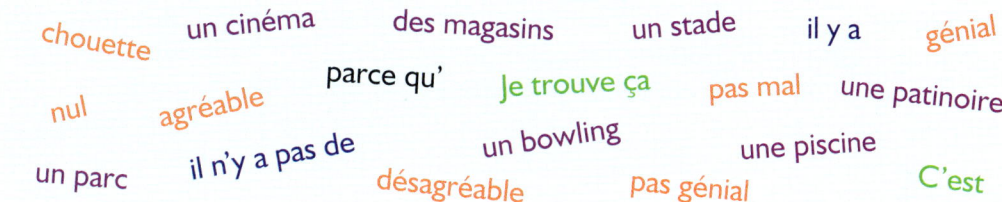

- Combien de phrases correctes en cinq minutes?

 5
- Dessine un plan du quartier où tu habites.
- Marque les facilités (le collège, la piscine, le stade, le parc, etc).

 6 Ecris une lettre au journal, «Ma ville».
  ♦ • Une lettre illustrée :

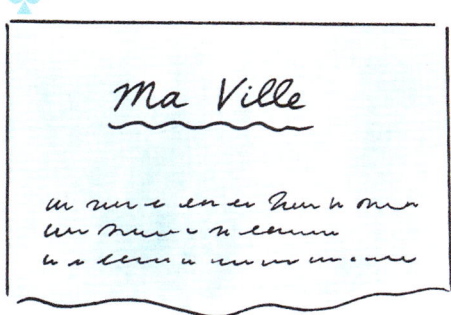

cent onze **111**

H ATELIER

1 C'est toi le guide!

- Prépare le commentaire pour les élèves qui vont venir en échange.
- Note les monuments, les magasins, les bâtiments publics (la piscine, le stade, etc.).
- Tu peux écrire le commentaire.
- Tu peux aussi enregistrer le commentaire sur cassette.
- Tu peux dire des choses positives ou négatives!

2 Villeneuve
- En groupe de quatre ou cinq dessine une ville.
- Fais le plan sur un papier.
- Où est le cinéma? Où est la patinoire? Où est le théâtre? Il y a des monuments?
- Trouve des photos pour coller sur le papier, ou dessine les images.
- Ecris un mot ou une phrase ou une paragraphe pour chaque image.

3 La publicité
- Choisis un endroit dans ta ville imaginaire et fais de la publicité (poster ou jingle):
  Le cinéma : les films? les prix? les horaires?
  La patinoire : le prix? les horaires?

Il y a un cinéma.

C'est chouette, la patinoire.

4 Villemoche et Villegéniale
- Regarde les symboles.

Villemoche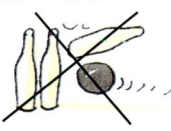

Villegéniale

- Ecris ton opinion sur Villemoche et Villegéniale.
  exemple : **Villegéniale est agréable parce qu'il y a un cinéma.**

112 cent douze

5 On déménage

Préparation — Que sais-tu? — Bilan/Conseil

Révise les endroits dans un quartier (page 106), «il y a» (page 106) et «il n'y a pas de» (page 107).

1 Qu'est-ce qu'il y a?
Ecris une phrase pour chaque image.
exemple : 1 = Il y a un cinéma.

FACILE?
OUI
Passe à l'exercice 2.
NON
Révise les endroits, «il y a» et «il n'y a pas de». Recommence l'exercice.

Révise «on peut» avec l'infinitif (page 108).

2 Fais de phrases!
• Combien de phrases correctes en cinq minutes?
exemple : **On peut faire les magasins.**

On	peut	aller	jouer	faire	au	du
		des	les	cinéma	théâtre	magasins
			promenades	golf	tennis	

• Illustre les phrases avec des symboles.

FACILE?
OUI
Passe à l'exercice 3.
NON
Révise «on peut». Recommence l'exercice.

Révise les opinions (page 110).

3 C'est génial?
• Ecris une phrase pour chaque image.

  1   2   3   4   5   6

exemple : **1 C'est génial parce qu'il y a un cinéma.**

FACILE?
OUI
Passe à l'exercice 4.
NON
Révise les opinions. Recommence l'exercice.

Révise les opinions (page 110) et les endroits dans un quartier (page 106).

4 Lis les lettres
Pour chaque lettre, dessine un groupe de symboles.
exemple : 1

1 *J'habite à la campagne. C'est agréable, mais c'est désagréable aussi, parce qu'il n'y a pas de cinéma. Aurélie*

2 *J'habite en ville. C'est chouette, parce qu'il y a un stade et un parc et des magasins. Vincent*

3 *J'habite à la campagne. C'est désagréable, parce qu'il n'y a pas de bowling. Sonia*

FACILE?
OUI
Bravo!
NON
Révise les opinions et les endroits encore une fois. Demande de l'aide à ton prof. Recommence l'exercice.

cent treize 113

OBJECTIFS:
Communication
On va en France

1 Vacances bien méritées

En France ou à l'étranger?

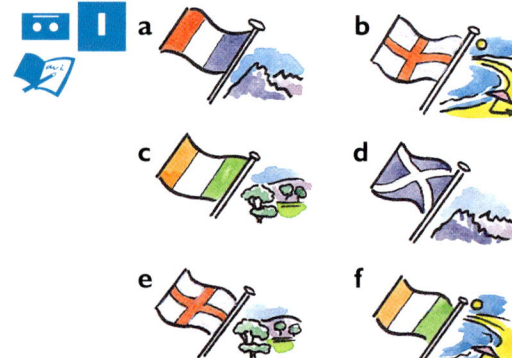

Tu	vas	où	en vacances?
On Il Elle	va	en	Angleterre Ecosse Irlande Grande Bretagne France
		au	Pays de Galles
Je	vais	à la	mer, montagne, campagne

- Ecoute bien.
- Note l'image pour chaque personne.
    ◆ • Ecris une phrase pour chaque personne.
       exemple : 1 = c = **Paul va en Irlande.**
    ♣ • Ecris une phrase avec un detail pour chaque personne.
       exemple : 1 = c = **Paul va en Irlande à la campagne.**

Paul
Yannick
Bernard
Patrick
François
Michel

114 cent quatorze

5 On déménage

 2
- Travaille avec un(e) partenaire.
- A : Choisis une destination.
- B : Dessine la réponse.
- Change de rôle.

A — On va en Ecosse.

 B

A — Oui.

 3 A louer
- Lis les annonces dans le magazine.
- Relie les symboles et les annonces. exemple : **a = 4**

A louer

1	**France**, montagne, 3 ch., cuis., séj.	Tél 04.16.38.21
2	**France**, mer, 2 ch., cuis./ manger	Tél 56.78.13.14
3	**Écosse**, campagne, 1 ch., bains, cuis.	Tél 0131 471 395
4	**Irlande**, mer, 3 ch., cuis. séj., gar.	Tél 091 37268
5	**Pays de Galles**, montagne, 3 ch., cuis./manger	Tél 01286 429310

 4
- Regarde les images, exercice 3.

 Ecris une phrase pour chaque groupe de symboles.
exemple :
1 = **On va en Irlande, au bord de la mer.**

 Ecris une phrase pour chaque groupe de symboles, et ajoute une activité.
exemple :
1 = **On va en Irlande, au bord de la mer. On va faire des promenades.**

 5 Sondage
- Pose la question «Tu vas où en vacances?» aux camarades de classe.
- Note les réponses.
- Fais des camemberts pour montrer les résultats.

	France	Angleterre	Irlande	Ecosse	Pays de Galles	autres pays	mer	montagne	campagne	ville
Jason										
Cheryl										
Dave										
Kirsty										

cent quinze **115**

OBJECTIFS:

Communication
Où habites-tu?
J'habite dans le nord.

J Mais où exactement …?

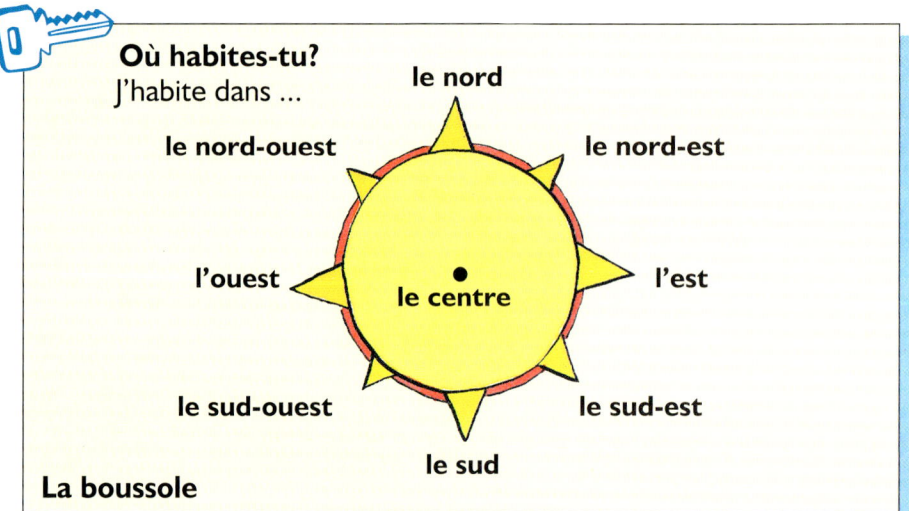

Où habites-tu?
J'habite dans …

La boussole

1 Regarde la grille.
- Ecoute bien.
  - Note vrai ✔ ou faux ✘.
    exemple : 1 = ✘
  - Corrige les phrases fausses.
    exemple : 1 = **Paul habite dans le nord.**

Gaëlle	Paul	Jean
Nabila	Marie	Pierre
Claudine	Djamila	Youssef

2
- Regarde la carte de la France.
- Ecoute bien.
- Note la lettre et la région de la ville.
  exemple : 1 = **c, N**

  a Rennes
  b Metz
  c Valenciennes
  d Besançon
  e Grasse
  f Tarbes
  g Limoges
  h Marseille
  i Le Havre

116 cent seize

5 On déménage

 3
- Travaille avec un(e) partenaire.
- A : Dessine une boussole dans ton cahier.
- A : Dessine une personne dans la grille (en secret).
- B : Devine!

B: *Où habites-tu? Dans le nord?*

A: *Non!*

B: *Tu habites dans le sud-ouest?*

A: *Oui, j'habite dans le sud-ouest.*

- Change de rôle!

 4 Jeu pour trois ou quatre personnes

- Pour jouer il faut un dé et une montre.
- Jette le dé.
- Tu jettes le trois?
  3 = Lyon. Tu parles de Lyon.
- Tu as deux minutes pour dire quatre phrases sur la ville. Pour chaque phrase correcte, tu marques un point.
- Change de rôle!

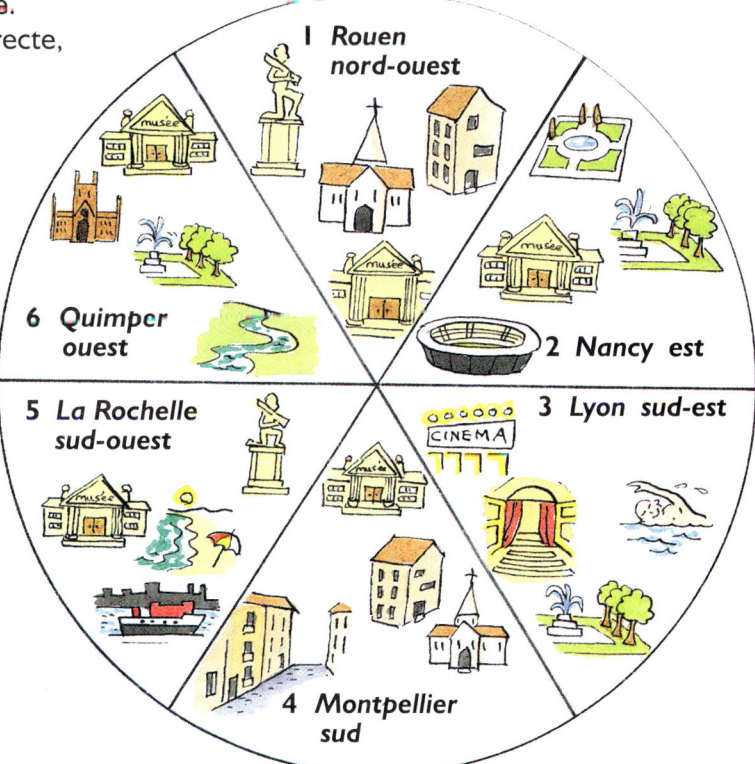

1 Rouen nord-ouest
2 Nancy est
3 Lyon sud-est
4 Montpellier sud
5 La Rochelle sud-ouest
6 Quimper ouest

 5 Et toi?
- Finalement, où est ta ville?
- Dessine une carte et marque la situation géographique de ta ville.
- Ecris quatre phrases.
  exemple : **J'habite à Redruth. Redruth est dans le sud-ouest. On peut faire des promenades. C'est chouette.**

cent dix-sept **117**

OBJECTIFS:

Communication
Ma maison idéale de vacances est ...
Il y a une piscine, ...

K La maison de vacances idéale

Nabila rêve

Nabila, où es-tu?

Je suis dans la maison idéale de vacances ...

C'est au bord de la mer ...

C'est dans le sud de la France ...

avec une piscine.

Ce n'est pas loin d'une grande ville ...

avec des cinémas et des restaurants.

 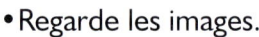 • Regarde les images.

• Ecoute bien.
  ♦ • Prends des notes pour chaque personne.
     exemple : **mer, N.O., piscine**
  ♣ • Utilise tes notes pour écrire au moins trois phrases.
     exemple : **La maison idéale de vacances est au bord de la mer, dans le nord-ouest, avec une piscine.**

5 On déménage

- Travaille avec un(e) partenaire.
- A : Indique une image, exercice 1.
- B : Pose une question.
- A : Invente une réponse avec quelques détails.
- Change de rôle!

B — *Tu es au bord de la mer?*

A — *Oui, je suis dans une maison de vacances. C'est super!*

 3 Lis la carte postale de Habib.
- Lis les quatre phrases.
  1. Habib est en Irlande.
  2. La maison est agréable.
  3. Il y a une piscine.
  4. Il y a un cinéma.

  ◆ • Note vrai ✔ ou faux ✘.
    exemple : 1 = ✘

  ♣ • Corrige les phrases fausses.
    exemple : 1 = **Habib est en Bretagne.**

*Cher Marc,
Je suis en vacances en Bretagne. C'est agréable — il y a une piscine à la maison. Mais c'est désagréable aussi — il n'y a pas de cinéma.
Amitiés,
Habib*

*Marc Trelcat,
108 rue de la République,
54856
Laxou*

 4
- Travaille avec un(e) partenaire.
- Regarde les cartes postales.

- A : Décris la carte.   A — *Il y a une piscine, un théâtre, une église et une patinoire.*

- B : Devine!

  B — *Numéro quatre?*

- Change de rôle.   A — *Oui!*

 5 Ta maison idéale de vacances
- Fais une brochure sur ta maison idéale.
- Où est la maison exactement? (Dessine une carte.)
- Qu'est-ce qu'il y a à l'intérieur de la maison?
- Et à l'extérieur?
- Qu'est-ce qu'on peut faire dans le quartier?

être	= to be
je suis	= I am
tu ?	= ?
il ?	= ?
elle ?	= ?
Le cinéma ?	...
La maison ?	...

cent dix-neuf **119**

L ATELIER

1 Les vacances de Bruno
- Ecoute Bruno.
  Il parle de ses vacances.
- Note les lettres des images mentionnées dans le bon ordre.

a  b  c

d  e  f

2 L'agence de voyages
- Travaille avec un(e) partenaire.
- A : Prépare des cartes sur les destinations.
- Choisis des villes au bord de la mer, à la campagne, à la montagne.
- Décris les villes sur les cartes.
- B : C'est toi le voyageur.
  Mais tu as beaucoup de problèmes, par exemple, tu n'aimes pas la mer, tu n'aimes pas beaucoup voyager, tu aimes les grandes villes, etc.
- A et B : Trouvez la destination idéale pour B!

3 Complète les phrases
- Regarde les images.
  exemple :
  Lorient est en France, dans le nord-ouest, au bord de la mer.

1 La Rochelle est 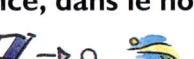   4 Val d'Isère est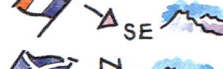

2 Foix est    5 Aviemore est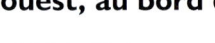

3 Douvres est    6 Dublin est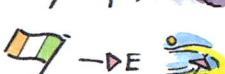

- Et ta ville? C'est où exactement?

4 Trouve les villes
- Où sont-elles exactement? (Regarde dans un atlas et un dictionnaire.)
  exemple : Gosier (Guadeloupe) = Gosier est dans le sud de la Guadeloupe.

1 Camembert (France)	5 Montréal (Canada)
2 Genève (Suisse)	6 Grande Baie (Île Maurice)
3 Marrakech (Maroc)	7 Bruxelles (Belgique)
4 Abidjan (Côte d'Ivoire)	8 Kinshasa (Zaïre)

Attention!
Pays masculin :
dans le sud <u>du</u> Maroc
Pays féminin :
dans le sud <u>de la</u> Suisse

- Dessine les drapeaux des pays. exemple :  la France

120 cent vingt

5 On déménage

Préparation Que sais-tu? Bilan/Conseil

Révise la boussole (page 116).

1 Où exactement?
- Trouve une carte de Grande Bretagne.
- Cherche les villes.
  exemple : 1 = **Norwich est en Angleterre, dans l'est**.

1 Norwich	4 Scarborough
2 Ashford	5 Shrewsbury
3 Bangor	6 Glasgow

FACILE?

OUI
Passe à l'exercice 2.

NON
Révise la boussole encore une fois. Recommence l'exercice.

Révise les noms des pays (page 114).

2 Décode les noms des pays
- Attention! Ce n'est pas tellement facile!
  exemple :
  J S M B O E F = I R L A N D E

1 N B S P D	4 C F M H J R V F
2 G S B O D F	5 D B O B E B
3 F D P T T F	6 T V J T T F

- Dessine les drapeaux de chaque pays.
- Trouve le nom de la ville capitale.
- Fais la liste des pays en ordre alphabétique.

FACILE?

OUI
Passe à l'exercice 3.

NON
Révise les pays encore une fois. Recommence l'exercice.

Révise les situations géographiques (page 114).

3 Les villes françaises
- Fais trois colonnes dans ton cahier.
- Trouve une carte de la France.
- Mets chaque ville française dans la colonne correcte.

Nice Poitiers Lisieux Lourdes
Le Havre Verdun Toulon Chamonix

- Ecris une phrase pour chaque ville.
  exemple : **Nice est au bord de la mer.**

FACILE?

OUI
Passe à l'exercice 4.

NON
Demande de l'aide à ton prof. Recommence l'exercice.

Révise les détails des maisons de vacances (pages 115).

4 Gîtes à louer
- Travaille avec un(e) partenaire
- Dessine un groupe de symboles pour chaque gîte.
  exemple : **3 ch., cuis., séj.**

1 2 ch., séj., bains
2 1 ch. bains, cuis.
3 2 ch., cuis./manger, gar.
4 3 ch., cuis., séj., bains, gar.

FACILE?

OUI
Bravo!

NON
Révise les détails des maisons de vacances encore une fois. Recommence l'exercice.

cent vingt-et-un **121**

UNITÉ 6 — Le voyage de classe

A L'annonce

OBJECTIFS:

Communication
On va prendre le petit déjeuner à six heures.

122 cent vingt-deux

6 Le voyage de classe

1 Stéphane, correct? Oui ou non?
- Regarde les images.
- Ecoute Stéphane. Vrai ou non?.
  - ♦ Note ✔ ou ✘. exemple : 1 = ✔
  - ♣ Note ✔ ou ✘ et corrige les phrases fausses.

A quelle heure on va	prendre le petit déjeuner? déjeuner? goûter? dîner?		
On va	prendre le petit déjeuner déjeuner goûter dîner	à	six heures midi cinq heures sept heures

2 Jeux de mémoire
- Travaille avec un(e) partenaire.
- Ferme le livre.

♦ A : *Le déjeuner est à quelle heure?*

B : *A midi.*

♣ • A : Pose trois questions.

A quelle heure on va déjeuner?

- B : Réponds.

A midi.

- Change de rôle.
- Vérifiez avec le livre.
- Qui a le plus de réponses correctes?

3 Le carnet de Stéphane
Copie et complète le message pour les parents de Stéphane.

Visite des caves de Champagne
Date du voyage de classe   27 juin
Petit déjeuner à ⊙ à la 🏠
Départ à ⊙ ?heures
Visite de la cathédrale à ⊙ ?
Déjeuner à ⊙ ? dans un parc.
Visite des caves de Champagne à ⊙ ?
Goûter à ? dans le .
Dîner à ? à la 🏠 .

▼ **Utiliser un modèle**
Pour bien faire l'exercice 4, utilise l'emploi du temps de l'exercice 3.

4 Et toi?
Fais un poster, une bande dessinée ou un agenda (parlé ou écrit) pour parler d'un voyage avec ton collège.

cent vingt-trois **123**

OBJECTIFS:

Communication
A manger, je vais prendre un sandwich.
A boire, je vais prendre du coca.

B Le pique-nique

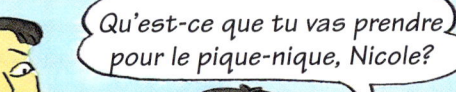

A manger, je vais prendre... du poulet, un sandwich au jambon, un sandwich au fromage, des chips, une banane et une orange. A boire je vais prendre de la limonade et du coca. Je déteste l'eau minérale!

1 • Regarde les images.

 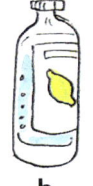 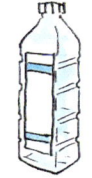  

a   b   c   d   e   f   g   h   i

• Ecoute bien.

◆ • Note les lettres pour chaque élève.
exemple : **1 = f, g, a**

♣ • Note les lettres et écris la liste pour chaque élève.
exemple : **1 = f du poulet, g des chips, a du coca**

124   cent vingt-quatre

2 Qu'est-ce que tu vas prendre?
- Regarde les images. Ecris la phrase.

1   2   3   4   5   6

exemple : 1 = **Je vais prendre des chips**

 3 Le ping pong du pique-nique
- Travaille avec un(e) partenaire.
- A : Commence. • B : Réponds.
- ... de plus en plus vite

exemple :

♦ A *Du poulet*

Des chips B

♣ A *A manger, je vais prendre du poulet.*

A manger, je vais prendre des chips. B

 4 Une liste pour le pique-nique
- Lis la carte postale de Charlotte.
- Ecris la liste pour le shopping.

Salut toi!
Je vais faire un pique-nique. A manger je vais prendre deux sandwichs au fromage. J'adore le fromage, particulièrement le camembert. J'aime bien les chips. Je vais boire de l'eau.
Amitiés
Charlotte

Anne Marceau
180 rue Pascal
76100
Rouen

5 Et toi?
- Qu'est que tu vas prendre pour le pique-nique?
- Découpe des images d'un magazine.
- Colle les images sur une feuille de papier.
- Ecris une étiquette pour chaque image.

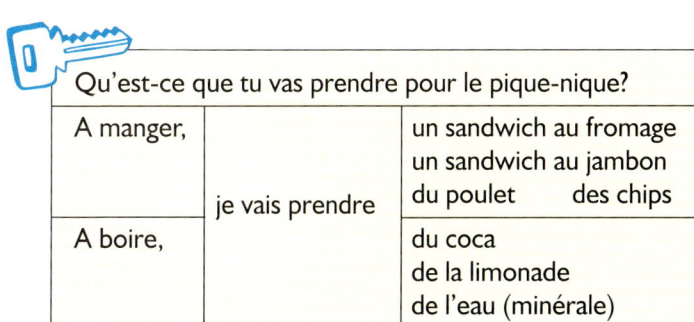

cent vingt-cinq **125**

OBJECTIFS:

Communication
Je voudrais un kilo de pommes, s'il vous plaît.

Grammaire
«du», «de la», «de l'», «des»

C A l'épicerie

1 A tour de rôle

- Ecoute la cassette.
- 50 % de la classe répète après Stéphane, 50 % répète après le vendeur.
- Change de rôle.

Vous désirez?	Combien?
Je voudrais du jambon du coca	Trois tranches Une bouteille
de la margarine de la limonade	Une boête Une bouteille
des pommes des oranges	Un kilo Cinquante grammes
	s'il vous plaît

2 Ça fait combien?

- Ecoute bien.
- ♦ Mets ces prix dans l'ordre de la cassette.
- ♣ Ferme le livre.
  - Note les prix.
  - Vérifie avec ton/ta partenaire.

44F   31F   52F   29F   16F   63F

126 cent vingt-six

6 Le voyage de classe

m.	de + le → du	Cherche dans un dictionnaire :	Complète avec du, de la, de l' ou des :
f.	de + la → de la	1 fromage (nm. ou nf. ?)	1 ? fromage
m. ou f.	de + l' → de l'	2 limonade (nm. ou nf. ?)	2 ? limonade
		3 eau (nm. ou nf. + voyelle)	3 ? eau
pl.	de + les → des	4 chips (sing. ou pl. ?)	4 ? chips

▶▶ p.151

3 Au magasin

• Regarde les images.

   a   b   c   d   e   f   g   h   i

• Ecoute bien.

   ◆ • Note les choses à manger et les choses à boire.
       exemple : **1 = b, d**

   ♣ • Note les choses à manger, les choses à boire, les quantités et les prix.
       exemple : **1 = b(1 bouteille), d 300g( ), 48F**

4 Vous désirez?

• Travaille avec un(e) partenaire.
• Regarde la liste.
• Invente une conversation.
  exemple :

A *Je voudrais du fromage.*

           Combien? B

A *300 grammes, s'il vous plaît.*

           Ça fait 10f. B

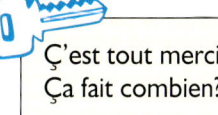
Ç'est tout merci | Ça fait 52f
Ça fait combien?

5 Et toi?

• Travaille avec un(e) partenaire.
• Invente et enregistre une conversation au magasin.

▼ **Bien parler**
Si possible, utilise toutes les phrases-clés.

cent vingt-sept **127**

D ATELIER

1 Lettre de Stéphane
- Lis la lettre de Stéphane.
- Lis les phrases.
  - ♦ • Vrai ou faux?
    exemple : 1 = **faux**
  - ♣ • Vrai ou faux?
    - Corrige les phrases fausses.
      exemple : 1 = **faux. On prend le petit déjeuner à six heures.**

1 On prend le petit déjeuner à sept heures.
2 On prend le car au parc.
3 On visite la cathédrale à dix heures.
4 On déjeune dans un café.
5 On visite les caves de champagne à deux heures.
6 On dîne à sept heures.
7 On dîne dans un parc.

Salut!
Demain c'est le 27 juin. C'est le voyage de classe. A six heures on prend le petit déjeuner. A sept heures on prend le car au collège. A dix heures on visite la cathédrale de Reims. C'est ennuyeux ça. A midi on déjeune dans un parc. C'est un pique-nique. Chouette! A deux heures on visite les caves de Champagne. J'aime ça! On dîne à la maison à sept heures. Bonne journée, non?
Amitiés,
Stéphane

2 Stéphane aux magasins
- Lis la liste de Stéphane.
- Ecoute bien.
- Stéphane oublie trois choses de la liste.
- Ecris les choses qu'il oublie dans ton cahier.

1 kg d'oranges
1 bouteille de coca
1 bouteille de limonade
3 tranches de jambon
300 g de fromage
des chips
1 kg de pommes

3 Possible ou impossible?
- Travaille avec un(e) partenaire.
- Fais deux groupes de cartes.

300 g   1 kg   3 tranches

une bouteille

A : Retourne une carte de chaque groupe.

  De la limonade ... un kilo.

  Un kilo de limonade.

Impossible! B

- Change de rôle.
- Un point pour chaque réponse correcte.
- Qui gagne?

128 cent vingt-huit

6 Le voyage de classe

Préparation | Que sais-tu? | Bilan/Conseil

Révise l'heure des repas (🔑 page 123).

1 A quelle heure?

1 **2** **3** **4**

♦ • Ecris des mots pour chaque image.
  exemple : **1 = six heures, petit déjeuner**

♣ • Ecris une phrase pour chaque image.
  exemple : **1 = A six heures on prend le petit déjeuner.**

FACILE?
OUI
Bravo! Passe à l'exercice 2.
NON
Révise l'heure et les repas encore une fois. Recommence l'exercice.

2 Ecris des phrases

♦ du fromage : 300 g

♣ Je voudrais 300 g de fromage, s'il vous plaît.

1

2

3

4

Révise les quantités, les aliments et les boissons (page 124 - page 127).

FACILE?
OUI
Bravo! Passe à l'exercice 3.
NON
Révise les quantités, les aliments et les boissons encore une fois. Recommence l'exercice.

3 Le menu du café

Brasserie de l'Est
Casse-croûte à toute heure.
<u>Sandwichs</u>
Fromage – 15f, Jambon –18f
<u>Boissons</u>
Coca – 12f, Limonade – 11f,
Eau minérale – 10f

• Travaille avec un(e) partenaire.
  exemple :

A *C'est combien un sandwich au jambon?*

   C'est dix-huit francs. B

• Continue.
• Change de rôle.

Révise tous les aliments et les boissons (page 124 - page 127).

FACILE?
OUI
Bravo! Invente trois mots brouillés pour ton/ta partenaire.
exemple :
banmoj = jambon.
NON
Révise les aliments et les boissons encore une fois. Recommence l'exercice.

cent vingt-neuf **129**

OBJECTIFS:

Communication
Je vais mettre un pantalon.

E Qu'est-ce que tu vas mettre?

○ un T-shirt
○ un sweat-shirt
• un jean
○ un pantalon
○ un pantalon
○ un T-shirt
○ une jupe
• un T-shirt
○ des baskets
○ des baskets
• un sweat-shirt
○ un short

Josiane   *Sophie*   *Nicole*   *Cathérine*   *Alain*

 1 Qui va mettre quoi?
- Regarde les images. • Ecoute la cassette.
- Relie les vêtements aux personnes.
  ◆ exemple : **Josiane: un short, un T-shirt**
  ♣ exemple : **Josiane va mettre un short et un T-shirt.**

Les personnes
Nicole   Alain   Josiane   Sophie   Cathérine

Les vêtements
des baskets   un jean   une jupe   un pantalon
un short   un sweat-shirt   un T-shirt

2 • Travaille avec un(e) partenaire.

◆ A *Josiane?*
   B *un short et un T-shirt*

♣ A *Josiane*
   B *Elle va mettre un short et un T-shirt.*

• Change de rôle.

Qu'est-ce que	je	vais	mettre?
	tu	vas	
Qu'est-ce qu'	il / elle	va	

	Je	vais	mettre	un	pantalon / jean / short / T-shirt / sweat-shirt
	Tu	vas			
	Il / Elle	va		une	jupe / chemise
				des	baskets

130 cent trente

6 Le voyage de classe

3 Toi aussi?
- Dans ton cahier, écris deux vêtements : pantalon / T-shirt
- Pose des questions aux camarades de classe.
- Tu trouves combien de personnes avec des vêtements identiques?

♦ A — Tu vas mettre un pantalon et un T-shirt?
  B — Oui   ou   Non. Un short et un sweat-shirt.

♣ A — Je vais mettre un pantalon et un T-shirt. Et toi?
  B — Moi aussi!   ou   Non, je vais mettre un short et un sweat-shirt.

4 Et les autres?
- Des élèves absents ont écrit des messages.
- Regarde les images et lis les petits mots.
  ♦ • Relie les personnes aux vêtements.   exemple : **Marie = f, c, a**
  ♣ • Copie et colorie les vêtements   exemple : **Marie**
       pour chaque personne.

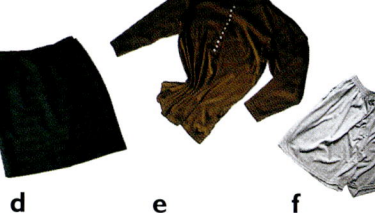

a   b   c   d   e   f   g   h

1 Salut. Moi, je vais mettre mon short rose et un T-shirt vert et puis mes baskets roses. J'adore ça. Marie

2 Je crois que je vais mettre un pantalon noir et un sweat-shirt rouge, peut-être. Je vais aussi mettre mes baskets noirs. Philippe

3 Je pense mettre une jupe bleue, un sweat-shirt blanc et des baskets bleus. Ça dépend. Myriam

4 Moi, je vais mettre un jean bleu, un T-shirt rouge et mes baskets blancs parce que c'est confortable. Jérôme

5

♦ • Fais trois phrases correctes.
    exemple : **Je vais mettre un T-shirt.**

♣ • Combien de phrases correctes (et imaginatives) est-ce que tu peux faire dans cinq minutes?
    exemple : **Je vais mettre un grand T-shirt bleu avec un petit chat dessus.**

• Fais un dessin ou un collage des vêtements.

> **Pour bien écrire**
> Révise les couleurs, page 76, et cherche d'autres couleurs et d'autres vêtements dans le dictionnaire.

mettre   mon   pull   Qu'est-ce que
jean   Je   T-shirt   vas
chemise   mes   sweat-shirt   baskets
pantalon   ?   un   jupe   tu
une   ma   des   vais

 p.149

cent trente et un **131**

OBJECTIFS:

Communication
Tu me prêtes ton pull?

Grammaire
«ton», «ta» et «tes»

F   Tu me prêtes ton pull?

1   Stéphane emprunte ... quoi?
- Regarde la bande dessinée.
- Ecoute la cassette.
- Note l'image.
  exemple : **1 = d**

Tu me prêtes	ton	pantalon? pull?
	ta	chemise? veste? casquette?
	tes	chaussures? baskets?

2   Vrai ou faux?
- Regarde les photos.

a   b   c   d   e   f

- Ecoute bien.
- Note vrai ✔, ou faux ✘, et corrige les phrases fausses.
  exemple : **a = ✘, un pull et une casquette**

132 cent trente-deux

6 Le voyage de classe

3 Ton? Ta? Tes?

◆ 📼 Avec la cassette.

♣ ✉ Sans la cassette.

- Copie et complète les phrases avec ton, ta ou tes.

exemple :
Tu vas mettre t ... pull et t ... pantalon.
Tu vas mettre *ton* pull et *ton* pantalon.

a Tu vas mettre t ... pull et t ... pantalon.
b Tu vas mettre t ... pantalon et t ... chemise.
c Tu vas mettre t ... baskets et t ... pull.
d Tu vas mettre t ... pull et t ... chemise.
e Tu vas mettre t ... casquette et t ... pantalon.
f Tu vas mettre t ... veste et t ... pantalon.

- Complète le tableau.

Objet	Article	à moi	à toi
m.	le	mon	t ...
f.	la	ma	t ...
m. ou f. (voyelle)	l'	mon	ton
m. ou f. pl.	les	mes	t ...

 p.149

4

- Travaille avec un(e) partenaire.
- Regarde les images de la bande dessinée.

◆ • A : Choisis un vêtement.   *Ta chemise, s'il te plaît.*
  • B : Donne la réponse correcte.   *Non!*

♣ • A : Choisis un vêtement.   *Tu me prêtes ta chemise, s'il te plaît.*
  • B : Donne la réponse correcte.   *Désolé(e)!*

5 Prépare une pièce de théâtre

- Travaille en groupe de quatre.

Situation
On va danser avec des copains.

Personnages
Quatres copains et copines.

Scénario
- Une personne n'a rien à mettre.
- Les trois autres détestent prêter leurs vêtements.

Conversation dynamique – pour varier les phrases

Les questions	*Les réponses*
Pascal, tu me prêtes ...?	Impossible!
S'il te plaît, Pascal, ...	Quoi! Ma casquette?
Eh, Pascal, ...	Ben, heu, ... Mais non, ...
Ecoute, Pascal, ...	Pas question!

6 En groupe de quatre

- Présentez votre pièce.

◆ Dessine et décris les costumes.

♣ Ecris le scénario de ta pièce.

cent trente-trois 133

OBJECTIFS:

Communication
Il fait chaud.
Je vais mettre des lunettes de soleil.

G Demain, c'est le départ!

 1
- Regarde les images.
- Regarde les écrans de télévision sur la bande dessinée.
- Ecoute la cassette.
- Relie les phrases avec les écrans de télé.

  exemple : **Il fait chaud = l'image 2**

Il fait chaud	Il pleut
Il fait froid	Il fait soleil

  2 Radio météo, météo journal

- Regarde la bande dessinée.
- Ecoute la cassette. • Lis la météo.
  ◆ Dessine les symboles dans la grille.
  ♣ Copie les phrases fausses dans le journal.

Ville	Cassette	Journal
Paris		
Brest		

Le temps en France aujourd'hui

A Paris il fait froid; il fait très froid: 3 degrés.
A Brest, il pleut.
A Nantes, il fait aussi soleil.
A Bordeaux, il fait soleil.
A Biarritz, il fait froid. Il fait froid, seulement 12 degrés.
A Perpignan, il fait aussi chaud et il fait soleil.
A Nice, il pleut beaucoup. Les parapluies sont nécessaires.
Dans les Alpes, à Grenoble, il pleut et il fait chaud.
A Strasbourg, il fait soleil et il fait froid: 2 degrés.
Et finalement à Lille, il fait très très froid, presque moins 14 degrés.

  ♣ Corrige les erreurs dans les phrases du journal.

134 cent trente-quatre

4 Logique ou illogique

- En secret écris quatre phrases logiques ou illogiques.
  exemple : **Il pleut. Je vais prendre mon maillot de bain.**

Avec un(e) partenaire
- A : Dis si tu es logique ou illogique.   *Je suis illogique.*

  A : Dis le temps.   *Il pleut.*

- B : Devine les vêtements.   *Tu vas prendre un pull.*

> Il pleut
> Il fait soleil
> Il fait chaud
> Il fait froid

5 Sophie élégante

- Lis le texte.
- Dessine ou fais un collage des vêtements de Sophie.
- Pour chaque vêtement, dessine un symbole du temps.
- ♣ Réponds à la question à la fin du texte.

Sophie est toujours très élégante. Elle choisit ses vêtements selon les couleurs du temps.

Il pleut, le ciel est gris; Sophie choisit un petit pull gris, une jupe grise et des chaussures grises.

Il fait chaud et il fait soleil; le ciel est bleu et le soleil est jaune. Sophie va mettre un short jaune, une chemise bleue, des baskets jaunes et des lunettes de soleil... Mais de quelle couleur sont les lunettes de soleil de Sophie?

6 Monsieur et Madame Illogique

Ecris des phrases pour Monsieur et Madame Illogique.

exemple :  **Il fait froid. Je vais mettre un maillot de bain.**

1   2   3   4

ATELIER

1 Qui va mettre quoi?

- Regarde les dessins.
- Ecoute la cassette.
  - ◆ exemple : 1 = **Sophie – a, b, j**
  - ♣ exemple : 1 = **Sophie – un jean, une casquette et un T-shirt**

2 Qu'est-ce que c'est?

- Travaille avec un(e) partenaire.
- A : Dessine une image (en secret).
- B : Devine! *Des baskets?*
  - *Non!* A
  - B *Un jean?*
  - *Oui!* A
- Change de rôle!

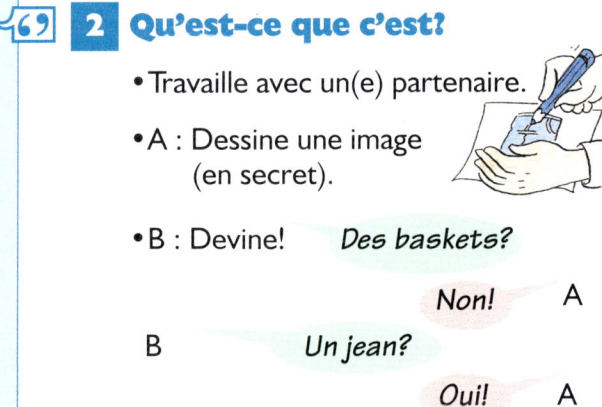

3 Trouve les paires

exemple : 1 = **T-shirt et pantalon**

1 ptasnhtiarlton
2 jpeualnl
3 ccahseqmuiestete
4 sjhuopret
5 sbwaesaktesthsirt

4 Quand il pleut, je ...

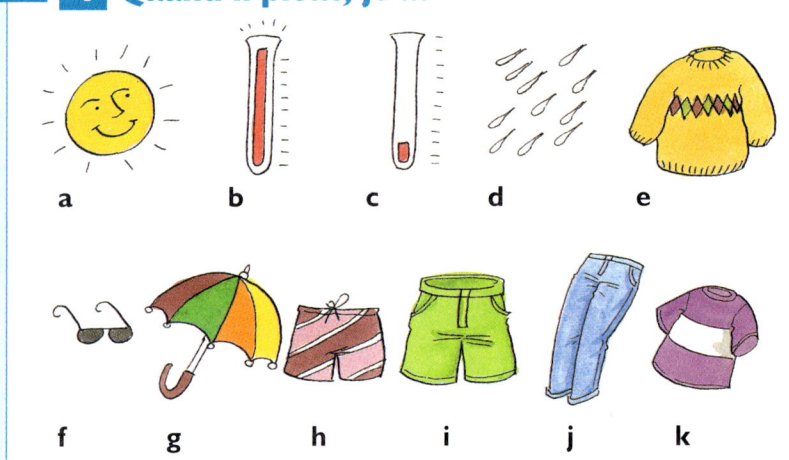

- Regarde les dessins.
- Ecoute la cassette.
  - ◆ Copie et complète la grille.

no.	Temps	Vêtements
1	a	f, i
2		

♣ Ferme le livre et dessine les symboles.

136 cent trente-six

6 Le voyage de classe

Préparation   **Que sais-tu?**   **Bilan/Conseil**

1 Voyage de classe

a b c d e f g h i

- Ecoute la cassette.
  - ♦ Note la lettre de chaque vêtement que Sophie va prendre.
  - Il y a cinq en tout. exemple : **a, ...**
  - ♣ Ecris la liste de Sophie
    exemple : **un pull, ...**

Révise les vêtements (page 130 et page 132).

FACILE?

OUI
Bravo! Passe à l'exercice 2.
NON
Révise les vêtements encore une fois. Recommence l'exercice.

2 Regarde les dessins

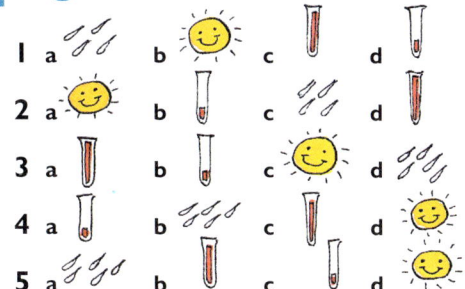

- Ecoute la cassette.
  - ♦ Note l'image.
    exemple : **1 = c**
  - ♣ Note l'image et écris l'expression pour chaque image.
    exemple : **1 = Il fait chaud**.

Révise le temps (page 135).

FACILE?

OUI
Bravo! Passe à l'exercice 3.
NON
Révise le temps encore une fois. Recommence l'exercice.

3 Tu as une bonne mémoire?

- Regarde les photos.

1   2   3   4   5   6

- Ecris une phrase pour chaque photo.
  ♦ **C'est tes baskets?**
  ♣ **Tu vas mettre tes baskets?**

*Révise **ton**, **ta**, **tes** (page 133) et les vêtements encore une fois.*

FACILE?

OUI
Bravo!
NON
Révise les vêtements encore une fois. Recommence l'exercice.

cent trente-sept **137**

OBJECTIFS:

Communication
Je vais prendre un café.

1 Qu'est-ce qu'on va boire?

1 Vous désirez?
- Ecoute la cassette.
- Copie le nom de la boisson.
  exemple : **1 = un coca**

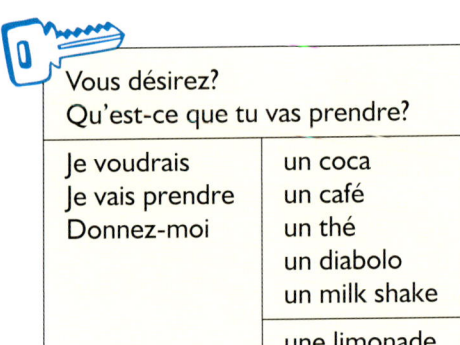

Vous désirez? Qu'est-ce que tu vas prendre?	
Je voudrais Je vais prendre Donnez-moi	un coca un café un thé un diabolo un milk shake
	une limonade une bière

2 Combien en voulez-vous?
- Regarde les dessins.

- Ecoute la cassette.
- Note les boissons.
  exemple : **1 = d**
- Ecris la commande pour tout le groupe.
  exemple : **1 = quatre cafés**

138 cent trente-huit

6 Le voyage de classe

 3 Devine!

- En secret, fais une liste de quatre boissons.
- Numéro 1 – ta boisson favorite,
  numéro 4 – une boisson que tu n'aimes pas.
- Travaille avec un(e) partenaire.
- Devine la liste de ton/ta partenaire.
- Qui est le plus rapide?

A — Numéro 1, un coca?
B — Non!
A — Un jus d'orange?
B — Oui!
A — Numéro 2, un café?

 4 Commandes et plateaux

- Regarde les photos.

a   b   c   d

1.
3 cocas
2 diabolos
2 limonades
1 bière

2.
2 milkshakes
1 diabolo
3 limonades
1 thé
1 café

3.
1 jus d'orange
2 cafés
1 coca
3 thés
1 bière

4.
1 jus d'orange
1 milk shake
2 cocas
3 cafés
1 bière

- Relie les commandes aux plateaux.
  exemple : **1 = c**

  5 Et toi?

♦ • Imagine que c'est toi le serveur/la serveuse.
- Pose la question à cinq camarades de classe:

  Vous désirez?

- Ecoute et note les commandes.

  Je vais prendre un coca.

  Je vais prendre une pizza.

  Je vais boire un café.

Futur		
Je	vais	commander
Tu	vas	manger
Il		boire
Elle	va	choisir
On		prendre
aller + infinitif		

 Invente une bande dessinée «Au café».

cent trente-neuf **139**

OBJECTIFS:

Communication
J'ai soif.
J'ai faim.

J Un appétit d'ogre

1 Sers Stéphane

- Imagine que tu es le garçon/la serveuse.
- Regarde les étagères, page 141.
- Sélectionne les articles pour les commandes de Stéphane.
  exemple : **image 2, 5 x g**

2 Qu'est-ce qui reste?

- Regarde les étagères, page 141 encore une fois.
- Qu'est-ce qui reste après la commande de Stéphane?
  exemple : **2 pains au chocolat**

140 cent quarante

6 Le voyage de classe

3 Bonne mémoire?

- Travaille en groupe de quatre ou cinq.
- A est le garçon/la serveuse.
- Les autres personnes sont les clients.

◆ A *Vous désirez?*
   J'ai faim. Une pizza, s'il vous plaît. B
A *Une pizza. Très bien. Et aussi?*
   J'ai soif. Un thé, s'il vous plaît. C
A *Une pizza et un thé.*

♣ A *Vous désirez?*
   J'ai faim. Je voudrais une pizza, s'il vous plaît. B
A *Une pizza. Très bien. Et aussi?*
   J'ai soif. Je vais prendre un thé. C
A *Une pizza et un thé.*

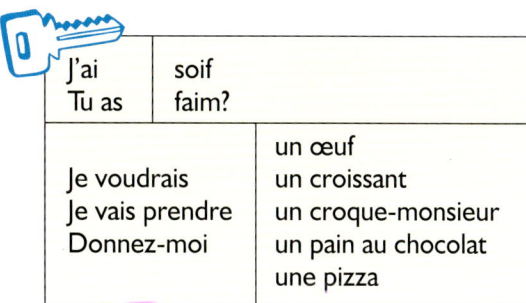

J'ai Tu as	soif faim?
Je voudrais Je vais prendre Donnez-moi	un œuf un croissant un croque-monsieur un pain au chocolat une pizza

4 Des commandes écrites

- Lis le tableau et les commandes.
  ◆ Ecris les additions.
   a 12f
      12f
      12f
      36f
  ♣ Ecris possible ou impossible :
   a : **possible**

a J'ai très soif. J'ai cinquante francs. Je vais prendre un milk shake à la banane et deux diabolos grenadine.

b J'ai faim et j'ai soif. Je voudrais un sandwich au jambon, un croissant et un milk shake à la fraise. J'ai trente francs.

c Achète deux sandwichs au fromage, trois croque-monsieur, huit œufs, cinq pains au chocolat et sept croissants, trois milk shakes différents et deux diabolos différents. Je te donne cent cinquante francs.

cent quarante et un **141**

OBJECTIFS:

Je trouve ça délicieux/mauvais.

K La catastrophe

1 Qu'est-ce que tu en penses?

- Regarde la bande dessinée.
- Pour chaque personnage de la bande dessinée, écris une bulle alternative.

Alain   *J'adore la pizza, c'est délicieux.*

- Pour Stéphane, écris une bulle pour chaque chose à boire et à manger.
    ◆ Regarde les mots-clés.
    ♣ Cache les mots-clés.

2 Et toi, personnellement?

- Choisis quatre ou cinq aliments ou boissons.
- Pour chaque aliment ou boisson, écris une phrase.
    exemple : **J'aime bien les tomates. Je trouve ça délicieux.**

Est-ce que tu aimes	le champagne?
J'adore J'aime bien Je n'aime pas	le coca les pains au chocolat la pizza
C'est Je trouve ça	délicieux (très) bon mauvais dégoûtant

142   cent quarante-deux

3 Délicieux?

- Ecoute la cassette.

◆ Copie et remplis la grille.

	Quoi?	Opinion
Colette		✔✔
Paul		
Sonia		
Dominique		
Charles		
Stéphane		

♣ Ecris une phrase.
exemple :
Les fruits, elle trouve ça délicieux.

Légende
délicieux ✔✔
bon ✔
mauvais ✘
dégoûtant ✘✘

4
- Travaille avec un(e) partenaire.
- Fais un dialogue pour chaque image.
- Utilise les mots-clés.
- Change de rôle.

A   *Est-ce que tu aimes la pizza?*

*Je n'aime pas la pizza.
Je trouve ça dégoûtant.*   B

Poser des questions

Intonation:

Tu aimes les fruits?

«Est-ce que» devant la phrase:

Est-ce que tu aimes les fruits?

5 Qu'est-ce que ta classe pense?

- Travaille en groupe de trois.

Préparation :
- Préparez trois grilles identiques:

	pizza	fruits	œufs	jambon	coca	thé	café	milk shake
Ryan								
Kirsty								
Holly								
John								

- Décidez trois choses à manger et/ou à boire.
- Décidez qui va poser quelle question.

Pratique :
- Chaque personne du groupe pratique sa question.

Toi   *Est-ce que tu aimes la pizza?*

Sondage :
- Pose ta question à toute la classe.
- Note les résultats dans ta grille.

Toi   *Est-ce que tu aimes la pizza?*

Ryan   *Je trouve ça délicieux.*

	pizza	fruits	œufs
Ryan	✔✔		
Kirsty			
Holly			

6 Les résultats

Dans le même groupe :
- Mettez les résultats dans une seule grille.

Interprétation des résultats :
- Une personne fait un graphique à colonnes.

- Une personne fait un camembert.
- Une personne fait des phrases.

*La pizza :
six personnes
trouvent ça mauvais.*

- Présentez les résultats à la classe, ou enregistrez une cassette.

6 Le voyage de classe

cent quarante-trois **143**

ATELIER

1 L'aigle à tête blanche

Voici un aigle à tête blanche. L'aigle à tête blanche est une espèce en danger.

C'est un oiseau extraordinaire. Les plumes blanches de sa tête ressemblent à une cagoule blanche. Les plumes marron de son corps et de ses ailes ressemblent à une robe brillante. Et les plumes de ses pattes ressemblent à un pantalon.

L'aigle à tête blanche mange beaucoup de choses; il attrape et il mange des canards. Il aime aussi les phoques; je trouve ça cruel! Il trouve le poisson délicieux. Et qu'est-ce qu'il boit? De l'eau. De l'eau minérale? Mais non! de l'eau ordinaire! Il trouve ça bon.

Mais qui sait si les animaux trouvent les choses délicieuses ou mauvaises?

- Trouve les mots dans le texte.
  Utilise un dictionnaire pour vérifier si tu veux.

Réponds aux questions en français.
1 Est-ce que les plumes de la tête ressemblent à une casquette?
2 De quelle couleur sont les plumes des ailes?
3 Qu'est-ce qui ressemble à un pantalon?
4 Qu'est-ce que l'aigle mange?
5 Qu'est-ce qu'il boit?

2 A la terrasse d'un café

- Ecoute la cassette.
  Dessine ou écris
  – le menu de Mathieu et de Saïd
  – les vêtements d'Anita
  – d'autres détails.
- Ecoute la cassette.
- Choisis les mots pour écrire un résumé.

| Anita
Mathieu
Saïd
Une fille
Le garçon
Elle
Il | a
adore
arrive
fait
porte
trouve
va | chaud
soleil
faim
soif
prendre | ça
un coca
un diabolo menthe
un milk shake
une pizza
un jean
des lunettes de soleil
un parapluie
un T-shirt | au café
à la fraise
délicieux
étrange
grand
rouge |

144 cent quarante-quatre

6 Le voyage de classe

Préparation | Que sais-tu? | Bilan/Conseil

Révise les boissons (page 138), les aliments (page 141) et les opinions (page 142).

 1
- Travaille avec un(e) partenaire.
- Utilise les mots dans la case.
- Vous avez cinq minutes pour faire des phrases.

pizza   c'est   délicieux   limonade   je
le   poulet   un   mauvais   ça   jambon
diabolo   café   dégoûtant
voudrais   une   bon   fromage   la
s'il vous plaît   coca   trouve   thé

FACILE?
Combien de phrases en cinq minutes?
10 : bravo! Passe à l'exercice 2.
6 : pas mal. Essaie encore une fois. 8 minimum!
2 – 3 : oh, là, là! Révise les boissons, les aliments et les opinions encore une fois. Demande de l'aide à ton prof. Recommence l'exercice.

2 Un message d'Alain
- Copie le message d'Alain.
- Complète avec la forme correcte du verbe dans la case.

Révise le futur (page 139).

Ce week-end, samedi matin, je vais **1** au tennis. Pour jouer au tennis, je vais **2** des vêtements blancs. L'après-midi, je vais **3** du shopping. Je vais **4** un grand sac. J'espère que je vais **5** des choses intéressantes. Le soir, je vais **6** au restaurant; je vais **7** du poulet et des frites et je vais **8** du coca.

1 joue joues jouer
2 met mets mettre
3 fait faire fais
4 prend prends prendre
5 trouver trouves trouve
6 aller vais vas
7 manges mange manger
8 boire bois boit

FACILE?
OUI
6/8 : excellent?
NON
Révise encore :
la solution = er, ir et re
Recommence l'exercice.

 3 Le rap du fast-food
- Complète les trois premiers vers.
- Continue le rap.

Révise «aller» (page 139).

C'est le rap, c'est le rap du café,
Qu'est-ce que tu ..., tu ... manger?
Je ...., je ... manger du poulet,
Et à boire, qu'est-ce que tu ...
Tu ..., tu ... prendre?

FACILE?
OUI
Bravo! Enregistre ton rap. Compose la musique si tu veux!

cent quarante-cinq **145**

Grammaire – Grammar

This section is a summary of all the grammar points met in the book.

It is organised to help you build correct sentences. As you work through the grammar section, the sentences become more and more complicated, but the colours of the jigsaw pieces will help you follow the thread all the way through.

 sends you back to a page in the unit

 indicates a strategy

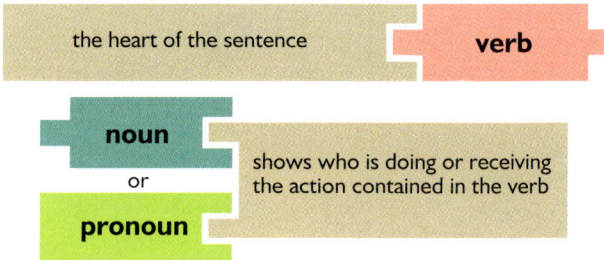

Je | regarde

Le sujet – *Subject*
Definition : Person who carries out the action contained in the meaning of the verb.
Les pronoms – *Pronouns*
Definition :
Word which replaces a noun.

Glossary abbreviation *pron*

Meaning
Je = *I*
  Je joue = *I play*
Tu = *You* (to one person you know well)
  Tu manges = *You eat*
Il = *He* or *it* (instead of a masculine noun)
  Il regarde = *He/it watches*
Elle = *She* or *it* (instead of a feminine noun)
  Elle chante = *She/it sings*
On = *People in general* or *We*
  On travaille = *We work*
Ils = *They* (instead of several masculine or mixed masculine and feminine persons or objects)
  Ils dansent = *They dance*
Elles = *They* (instead of several feminine persons or objects)
  Elles répètent = *They repeat*

◀◀ pages 35, 43, 45, 71

Function
These words give clues as to which ending should be at the end of the verb.

Les verbes – *Verbs*
Definition :
Usually contains the action of the sentence.
  Je joue = *I play* (do the action of playing)
  Il mange = *He eats* (does the action of eating)

Glossary abbreviation *v*

L'infinitif – *The infinitive*
• The infinitive is the neutral form of the verb found in dictionaries.
• It always ends in **-er**, **-ir** or **-re**.
• It cannot be used in a simple sentence, straight after the subject.

◀◀ page 53

play v (game) **jouer**
choose v **choisir**
do v (gen : *carry out, perform* etc) **faire**

Le présent – *The present tense*
Usage
It is used for events happening now.
Je mange = *I eat, I am eating, I do eat*
Je joue = *I play, I am playing, I do play*
Endings
Verb endings change according to :
• the type of verb (**er**, **ir** or **re**).
• who or what is carrying out the action.

-er verbs			
Je -e			
Tu -es			
Il -e		Ils	-ent
Elle -e		Elles	-ent
On -e			

| Other verbs | Learn by heart |

Elles | écoutent

146 cent quarante-six

Grammaire – Grammar

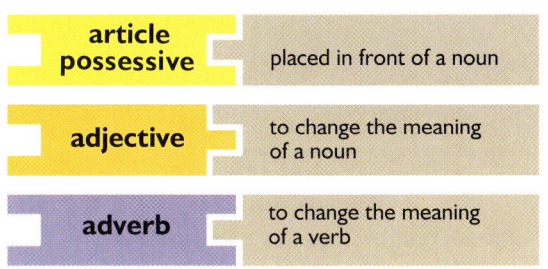
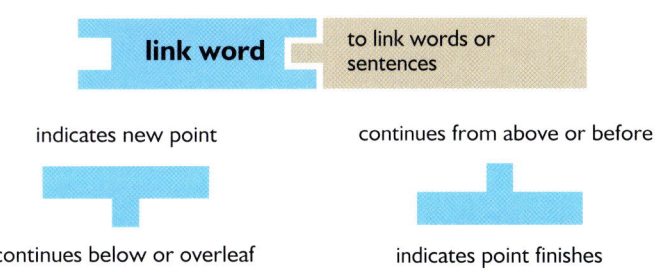

le — chat

Les articles – Articles
Definition :
Little word placed in front of a noun to indicate its gender and its number.

Glossary abbreviation **article**

Les articles définis – Definite articles
In English : *the*
In French : there are four words : **le**, **la**, **l'**, **les**

	m	f
Singular (sing)		
Noun starting with a consonant	le	la
Noun starting with a vowel	l'	l'
Plural (pl)	les	les

le baladeur = *the personal stereo* (m sing)
l'horaire = *the timetable* (m sing)
la salle = *the room* (f sing)
l'encre = *the ink* (f sing)
les baladeurs = *the personal stereos* (m pl)
les horaires = *the timetables* (m pl)
les salles = *the rooms* (f pl)
les encres = *the inks* (f pl)

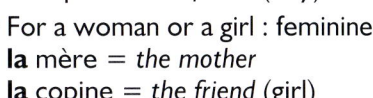 pages 28, 30, 34

Les noms – Nouns
Definition : The name given to :
- a person. Sophie
- an animal. un chat = *a cat*
- a thing. un baladeur = *a personal stereo*

Glossary abbreviation **n**

Le genre : masculin, féminin
Gender : masculine, feminine
- In French, every person and every object has a gender : masculine or feminine.
- The gender of an object does not depend on to whom the object belongs.

 page 20

How do you know the gender?
- For a man or a boy : masculine
  le père = *the father*
  le copain = *the friend* (boy)
- For a woman or a girl : feminine
  la mère = *the mother*
  la copine = *the friend* (girl)
- For an object : learn by heart by learning the article at the same time as the word.
  livre (m) : **un** livre = *a book*
  oiseau (m) : **un** oiseau = *a bird*
  cassette (f) : **une** cassette = *a cassette*
  histoire (f) **une** histoire = *a story*

 page 20

Nombre : singulier (sing), pluriel (pl)
Number : singular (sing), plural (pl)
Singular : There is a single person or object.
Plural : There is more than one person or object.

la — radio

cent quarante-sept **147**

Paul et Nicole | **cherchent**

Les noms – *Nouns*
- Sometimes the subject is the name of a person or an object.
- The name of a person or an object works like **il**, **elle**, **ils** or **elles**.

Paul regarde = Il regarde
Paul watches = He watches

La règle casse = Elle casse
The ruler is breaking = It is breaking

Paul et Nicole mangent = Ils mangent
Paul and Nicole eat = They eat

Les filles écoutent = Elles écoutent
The girls are listening = They are listening

◀◀ page 93

Using verbs
- Find the verb in the glossary or dictionary.
  search v **chercher**
- Remove **-er** to get the verb stem : **cherch-**
- Decide who is carrying out the action.
  Tu   Paul et Henri
- Add the correct ending to the verb stem.
  Tu cherch**es**   Paul et Henri cherch**ent**

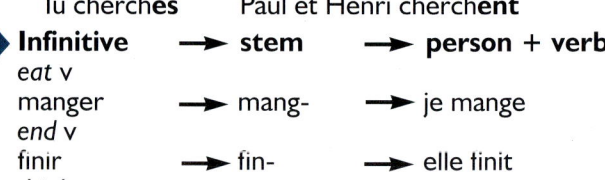

◀◀ pages 35, 43, 45, 71

Ils | **ne** | **mangent** | **pas** | **souvent**

Les négatifs – *Negatives*
<u>Definition</u> : **ne ... pas** = *not*
  Il court = *He runs*
  Il **ne** court **pas** = *He doesn't run*
  Je dors = *I sleep*
  Je **ne** dors **pas** = *I don't sleep*
<u>Position</u> **ne ... pas** always sandwiches the verb.

◀◀ pages 34, 79, 84, 90, 107, 119

Les adverbes – *Adverbs*
<u>Definition</u> : Changes meaning of verb
  bien = *well*
  beaucoup = *a lot*   **souvent** = *often*
  encore = *again*   **vite** = *quickly*
<u>Position</u> : It is placed after the verb, the meaning of which it changes.
  Ecoute **bien** = *Listen carefully*
  Je fais **souvent** du golf = *I often play golf*

▼ Glossary abbreviation *adv*

◀◀ pages 26, 60

Je | **préfère** | **jouer** | **avec**

Deux verbes se suivent – *Two verbs together*
- The first one changes with the subject.
- The second one is in the infinitive : **-er, -ir, -re**.

Tu aimes   regarder   la télé?
Do you like   *to watch* *TV?*
Je peux   faire   du shopping?
Can I   *go*   *shopping?*
   ↓   ↓
 verb 1   verb 2
ending changes infinitive

 ◀◀ pages 53,

Les prépositions – *Prepositions*
<u>Definition</u> : Link between two words.
  à = *in*   **en** = *in*
  avec = *with*   **sur** = *on*
  dans = *in*

J'habite **avec** mes parents dans un appartement **à** Paris en France.
I live with my parents in a flat in Paris in France.

▼ Glossary abbreviation *prep*

◀◀ pages 80, 98, 118

Je | **vais** | **jouer** | **et** | **manger**

148 cent quarante-huit

Grammaire – Grammar

une | **baleine** | .

Les articles indéfinis – Indefinite articles
<u>In English</u> : *a, an, some*
<u>In French</u> : there are three words : **un**, **une**, **des**.

	m	f
Singular (sing)	un	une
Plural (pl)	des	des

un baladeur = *a personal stereo* (m sing)
un horaire = *a timetable* (m sing)
une salle = *a room* (f sing)
une encre = *an ink* (f sing)
des baladeurs = *some personal stereos* (m pl)
des horaires = *some timetables* (m pl)
des salles = *some rooms* (f pl)
des encres = *some inks* (f pl)

◀◀ pages 26, 30

Le pluriel des noms – How to make nouns plural
Regular nouns
- Make the article plural.
- Add **-s** at the end of the noun.
  un chat → des chat**s**
  la baleine → les baleine**s**
- Irregular nouns : it depends on the ending of the noun.
  - Noun ends in -s : **no extra ending.**
    une souris → des souris
  - Noun ends in -al or -au : **ending = -aux.**
    un anim**al** → des anim**aux**
    l'oise**au** → les oise**aux**

◀◀ page 75

mon | **gâteau** | **amusant** | .

Les adjectifs possessifs – Possessive adjectives
<u>In English</u> : *my, your, his, her*

Article	my	your	his/her
le	mon	ton	son
la	ma	ta	sa
l'	mon	ton	son
les	mes	tes	ses

◀◀ pages 10, 103, 133

Les adjectifs – Adjectives
<u>Definition</u> : Change the meaning of a noun by describing it. ◀◀ page 76

> Glossary abbreviation
> *adj*

<u>Position of adjectives</u> :
- Usually after the noun they describe.
  un chat **noir** = *a black cat*
  un séjour **agréable** = *a pleasant lounge*
- **Grand, petit** and a few other adjectives are placed before the noun they describe.
  une **grande** cuisine = *a large kitchen*
  une **petite** jupe = *a small skirt*

◀◀ page 100

mon | **petit** | **chien** | **noir** | .

<u>Usage</u> The choice of the correct possessive adjective depends on the gender and number of what is being owned and not on the owner.

Le baladeur est à moi : **mon** baladeur
The personal stereo is mine : my personal stereo
La cassette est à toi : **ta** cassette
The cassette is yours : your cassette
Les cassettes sont à elle : **ses** cassettes
The cassettes are hers : her cassettes

◀◀ pages 10, 103, 133

<u>Endings of adjectives</u>
Adjectives have different endings according to the noun they describe.
- Regular adjectives

	m	f
Singular (sing)	-	-e
Plural (pl)	-s	-es

un oiseau vert = *a green bird*
une souris vert**e** = *a green mouse*
des oiseaux vert**s** = *green birds*
des souris vert**es** = *green mice*

◀◀ page 76

tes | **grandes** | **bananes** | **vertes** | .

cent quarante-neuf **149**

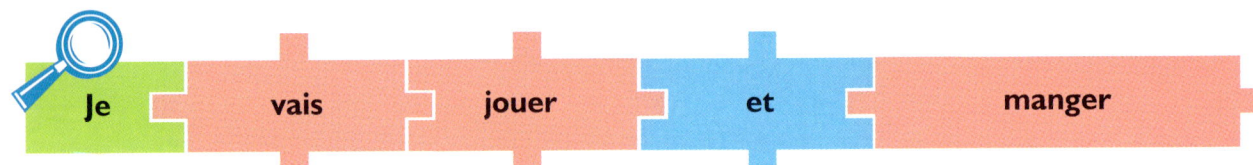

Le futur immédiat – *The immediate future*
Usage : to speak about an event which will happen in the future.
How to make it Use two verbs :
• first verb = correct form of **aller** (= *to be going to*)
• second verb = the verb containing the action in the infinitive

Tu vas	**manger**	du poulet?
Are you going to	*eat*	*chicken?*
Non, **je vais**	**boire**	du lait.
No, I am going to	*drink*	*milk.*

↓ Verb 1 ending changes   ↓ Verb 2 infinitive

◀◀ page 139

Les conjonctions – *Conjunctions*
Definition : Word which links two nouns, two adjectives, two verbs or two sentences together.

Glossary abbreviation *conj*

et = *and*   **mais** = *but*
à cause de = *because of* (+ noun)
parce que = *because* (+ sentence)

J'aime les chats **et** les souris.
I like cats and mice.
J'aime les chats blancs et noirs **mais** je déteste les souris grises. *I like black and white cats but I hate grey mice.*
J'aime ma ville **parce qu'**elle est propre.
I like my town because it's clean.

◀◀ pages 36, 85, 107

Il | va | chercher | Paul | parce qu' | ils | vont | boire

Tableau de verbes – *verb table*

Rule	to play	to find	to eat	to prefer	to be called
infinitive er	**jouer**	**trouver**	**manger**	**préférer**	**s'appeler**
stem	jou-	trouv-	mang-	préfèr-	appell-
after je → e	je joue	je trouve	je mange	je préfère	je m'appelle
after tu → es	tu joues	tu trouves	tu manges	tu préfères	tu t'appelles
after il → e	il joue	il trouve	il mange	il préfère	il s'appelle
after elle → e	elle joue	elle trouve	elle mange	elle préfère	elle s'appelle
after on → e	on joue	on trouve	on mange	on préfère	on s'appelle
after ils → ent	ils jouent	ils trouvent	ils mangent	ils préfèrent	ils s'appellent
after elles → ent	elles jouent	elles trouvent	elles mangent	elles préfèrent	elles s'appellent

to have	to be	to go/be going	to do/make	to choose	to read	can/be able to
avoir	**être**	**aller**	**faire**	**choisir**	**lire**	**pouvoir**
stem		v-	f-	chois-	li-	peu-
j'ai	je suis	je vais	je fais	je choisis	je lis	je peux
tu as	tu es	tu vas	tu fais	tu choisis	tu lis	tu peux
il a	il est	il va	il fait	il choisit	il lit	il peut
elle a	elle est	elle va	elle fait	elle choisit	elle lit	elle peut
on a	on est	on va	on fait	on choisit	on lit	on peut
ils ont	ils sont	ils vont	ils font	ils choisissent	ils lisent	ils peuvent
elles ont	elles sont	elles vont	elles font	elles choisissent	elles lisent	elles peuvent
work the same way:				finir, remplir	écrire (exception ils écrivent)	vouloir (= to want)

150 cent cinquante

Grammaire – Grammar

| de la | crème | glacée | blanche | . |

Du, de la, de l' – *Some, any*
Definition: Articles used when only part of something is being used and it can't be counted.
(In English: *some, any*).

	m	f
Singular		
In front of a consonant	du	de la
In front of a vowel	de l'	de l'
After **ne ... pas**	de	de

Je voudrais **du** poulet et **de l'**eau.
I would like some chicken and some water.
Ils ne mangent pas **de** chips?
Aren't they eating any crisps?

◀◀ page 127

- Endings of irregular adjectives: They have to be learned by heart.
  - Adjectives that end in **-e** do not change in the feminine singular:
    un livre rouge = *a red book*
    une pomme **rouge** = *a red apple*
  - **Blanc** is irregular in the feminine:
    une veste **blanche** = *a white jacket*
    des vestes **blanches** = *white jackets*
  - Adjectives that end in **-s** or in **-x** do not change in the masculine plural:
    un chat gris = *a grey cat*
    des chats **gris** = *grey cats*
    un fruit délicieux = *a delicious fruit*
    des fruits **délicieux** = *delicious fruit*

◀◀ page 87

| de la | limonade | et | manger | des | petits | gâteaux | secs | . |

Les nombres – *Numbers*

un	1	onze	11					
deux	2	douze	12	vingt	20	21 vingt et un 22 vingt-deux 23 vingt-trois	deux cents	200
trois	3	treize	13	trente	30	31 trente et un 32 trente-deux 33 trente-trois	trois cents	300
quatre	4	quatorze	14	quarante	40	41 quarante et un 42 quarante-deux 43 quarante-trois	quatre cents	400
cinq	5	quinze	15	cinquante	50	51 cinquante et un 52 cinquante-deux 53 cinquante-trois	cinq cents	500
six	6	seize	16	soixante	60	61 soixante et un 62 soixante-deux 63 soixante-trois	six cents	600
sept	7	dix-sept	17	soixante-dix	70	71 soixante et onze 72 soixante-douze 73 soixante-treize	sept cents	700
huit	8	dix-huit	18	quatre-vingts	80	81 quatre-vingt-un 86 quatre-vingt-six 88 quatre-vingt-huit	huit cents	800
neuf	9	dix-neuf	19	quatre-vingt-dix	90	91 quatre-vingt-onze 95 quatre-vingt-quinze	neuf cents	900
dix	10			cent	100	101 cent un 102 cent deux 103 cent trois	mille	1000	1 000 000 un million

cent cinquante et un **151**

French – English

aA
à to
accord *m* consent (**d'accord**: OK)
adorer *v* to adore
affiche *nf* poster
Afrique *nf* Africa
âge *nm* age (**il a quel âge?** How old is he?)
ai *v* see **avoir**
aigle *nm* eagle
aimer *v* to like, to love
aller *v* to go
Amérique *nf* America (**Amérique du nord** *nf* North America; **Amérique du sud** *nf* South America)
amusant *adj* amusing
anglais *adj* English
anglais *nm* English (language/subject)
animal *nm* animal
anniversaire *nm* birthday
Antarctique *nm* in Antarctica
appartement *nm* apartment, flat
appeler *v* to call, (**s'appeler** *v* to be called, **je m'appelle** my name is)
après-midi *nm* afternoon
araignée *nf* spider
arbre *nm* tree
arrêter *v* to stop
article *nf* article (**faire un article** to write an article or to do a report)
as *v* see **avoir**
Asie *nf* Asia
asseyez-vous! *v* sit down!
athlétisme *nm* athletics
au revoir *nm* goodbye
Australasie *nf* Australasia
avec *prep* with
avoir *v* to have

bB
baleine *nf* whale
baladeur *nm* walkman, personal stereo
balle *nf* ball
basket *nm* basketball (**jouer au basket** to play basketball)
baskets *nmpl* trainers
bibliothèque *nf* library
bleu *adj* blue
boire *v* to drink
bon *adj* good
bonbon *nm* sweet
bonjour *nm* hello, good morning, good afternoon
bouteille *nf* bottle
bricoler *v* to do DIY

cC
ça *pron* this, that (**ça va** it's OK)
café *nm* coffee, café
cage *nf* cage
cahier *nm* exercise book
calculer *v* to do calculations
calculette *nf* calculator
campagne *nf* country, countryside
car *nm* coach
carnet *nm* notebook
carte *nf* map, card
cassette *nf* cassette
chaise *nf* chair
chambre *nf* bedroom
chanter *v* to sing
chat *nm* cat
chaud *adj* hot
chemise *nf* shirt
chercher *v* to look for
chien *nm* dog
chips *nfpl* crisps
cinéma *nf* cinema (**aller au cinéma** to go to the cinema)
club des jeunes *nm* youth club
coca *nm* coca cola
commencer *v* to start, to begin
comment? *adv* how, pardon? excuse me?
commode *nf* chest of drawers
compléter *v* to complete (**complète la phrase** complete the sentence)
comprendre *v* to understand (**je ne comprends pas** I don't understand)
condition *nf* condition
contacter *v* to contact
continuer *v* to continue
contre *prep* against
copain *nm* friend
copier *v* to copy
copine *nf* friend
courir *v* to run
crayon *nm* pencil
croissant *nm* croissant
croque-monsieur *nm* toasted sandwich
cuisine *nf* kitchen

dD
danger *nm* danger
dans *prep* in
danse *nf* dancing
danser *v* to dance
découper *v* to cut out
dégoutant *adj* disgusting
déjeuner *nm* midday meal
délicieux *adj* delicious
demander *v* to ask
demi *adj* half
demi-frère *nm* step brother, half brother
demi-sœur *nf* step sister, half sister
dépendre *v* to depend (**ça dépend** it depends)
désagréable *adj* unpleasant
dessin *nm* drawing, art
dessiner *v* to draw
détester *v* to hate, to dislike
deviner *v* to guess
diabolo menthe *nm* a mint and lemonade drink
dictionnaire *nm* dictionary
difficile *adj* difficult
dîner *nm* evening meal
donner *v* to give
dormir *v* to sleep (**il dort** he sleeps)
du *article, m* some, of the

eE
eau (minérale) *nf* (mineral) water
Ecosse *nf* Scotland
écouter *v* to listen to
écran *nm* screen
écrire *v* to write
écris, écrit *v* see **écrire**
égal *adj* equal (**ça m'est égal** I don't mind)
église *nf* church
embêter *v* to annoy (**... m'embête** ... is annoying me)
en *prep* in, to
ennuyeux *adj* boring
enregistrer *v* to record
équitation *f* horseriding (**faire de l'équitation** to go horseriding)
es, est *v* see **être**
est *nm* east (**dans l'est** in the east)
est-ce que? do you?
et *conj* and
étagère *nf* shelf
être *v* to be
Europe *nf* Europe
exercice *nf* exercise

fF
facile *adj* easy
faim hungry (**avoir faim** to be hungry)
faire *v* to make, to do
fatigant *adj* tiring
fenêtre *nf* window
ferme *nf* farm
fermer *v* to close
fille *nf* girl, daughter
fille unique *nf* only daughter
fils unique *nm* only son
finir *v* to finish
fois *nf* time (**une fois par semaine** once a week)
foot *nm* football (**jouer au foot** to play football)
français *adj* French
français *nf* French (subject/language)
France *nf* France
frère *nm* brother
froid *adj* cold
fromage *nm* cheese (**un sandwich au fromage** a cheese sandwich)
fruit *nm* fruit

gG
gameboy *nm* gameboy
garage *nm* garage
gare *nf* station
génial *adj* great
géo(graphie) *f* geography
globe *nm* globe
golf *nm* golf (**jouer au golf** to play golf)
gomme *nf* rubber
gorille *nm* gorilla
goûter *nm* mid-afternoon snack
gramme *nf* gramme
Grande-Bretagne *nf* Great Britain
grenouille *nf* frog
gris *adj* grey
groupe *nm* group
guépard *nm* leopard
guerre *nf* war
guitare *nf* guitar
gymnase *nm* gymnasium
gymnastique *f* gymnastics

hH
habiter *v* to live
hamster *nf* hamster
heure *nf* hour, time (**six heures** six o'clock, **à quelle heure?** at what time?)
histoire *nf* history
horreur *nf* horror (**quelle horreur!** that's awful!)
hyène *nf* hyena

iI
idée *f* idea
il y a there is, there are; **il n'y a pas** there is not, there are not
informatique *nf* computer studies (**faire de l'informatique:** to work on the computer)
instruction *nf* instruction
intéressant *adj* interesting
interroger *v* to ask
inventer *v* to make up
inviter *v* to invite
Irlande *nf* Ireland

152 cent cinquante-deux

Vocabulaire – Vocabulary

jJ
jambon *nm* ham (**un sandwich au jambon** a ham sandwich)
jardin *nm* garden
jaune *adj* yellow
jean *nm* jeans
jeu *nm* game (**jeux électronique** *nm* electronic game, **jeu de memoire** *nm* memory game)
jouer *v* to play
jour *nm* day
judo *nm* judo (**faire du judo** to do judo)
jupe *nf* skirt

kK
kilo *nm* kilo
kiwi *nm* kiwi

lL
la *article* the
là *adv* here, there
labo *nm* lab
lama *nm* llama
lapin *nm* rabbit
limonade *nf* lemonade
lire *v* to read
lis, **lisez**, **lit** *v* see lire
lit *nm* bed
livre *nm* book
loterie *nf* lottery

mM
ma *possessive f* my
madame Mrs
mademoiselle Miss
magasin *nm* shop (**faire les magasins** to go shopping)
magnéto(phone) *nm* tape recorder
mais *conj* but
maison *nf* house
manger *v* to eat
mathématiques, **maths** *nfpl* mathematics
matin *m* morning
mauvais *adj* bad
mer *nf* seaside
merci thank you
mes *possessive mpl/fpl* my
mettre *v* to wear, to put
midi 12 noon
milk shake *nm* milk shake
minute *nf* minute
moi *pron* me
mon *possessive m* my
monsieur *nm* Mr, Sir
montagne *nf* mountain
montre *v* to show
monument *nm* monument
mur *nm* wall
musique *nf* music

nN
natation *nf* swimming (**faire de la natation** to go swimming)
noir *adj* black
nom *nm* name
non no
nord-ouest: *nm* north-west (**dans le nord-ouest:** in the north-west)
nord *nm* north
nord-est *nm* (**dans le nord-est** in the north-east)
nounours *nm* teddy bear

oO
œuf *nm* egg
oiseau *nm* bird
ordinateur *nm* computer

organiser *v* to organise
ou *conj* or
où *adv* where
oublier *v* to forget
ouest *nm* west (**dans l'ouest** in the west)
ouvrez *v* see ouvrir
ouvrir *v* to open

pP
page *nf* page
pain au chocolat *nm* chocolate roll
panda *nm* panda
pantalon *nm* trousers
parc *nm* park
parc safari *nm* safari park
parce que *conj* because
parler *v* to speak
partenaire *nm/nf* partner
Pays de Galles *nm* Wales
pêche *nf* fishing (**aller à la pêche** to go fishing)
personnalité célèbre *nf* famous person
petit *adj* small
petit déjeuner *nm* breakfast
peut, **peux** *v* see pouvoir
pique-nique *nm* picnic
piscine *nf* swimming pool (**aller à la piscine** to go swimming)
pizza *nf* pizza
placard *nm* cupboard
plaît: s'il te plaît, s'il vous plaît please
poisson *nm* fish
pollution *nf* pollution
pomme *nf* apple
porte *nf* door
poser *v* to ask
poster *nm* poster
poulet *nm* chicken
pour *prep* for, in favour (of)
pouvoir *v* can, to be able to, may, to be allowed to
préférer *v* to prefer
prendre *v* to take, to have
préparer *v* to prepare
prêter *v* to lend
prof, **professeur** *nm/nf* teacher
promenade *nf* walk (**faire une promenade** to go for a walk)
propre *adj* clean
protéger *v* to protect (**protégez!** protect!)
pull *nm* jumper

qQ
qu'est-ce que? what?
quand when (**c'est quand …?** when is …?)
quel, **quels**, **quelle**, **quelles** which, what
qui who
quoi what (**c'est quoi en anglais?** what is it in English?)

rR
radio *nf* radio
raquette *nf* racket
recommencer *v* to start again
recopier *v* to copy
regarder *v* to look at
règle *nf* ruler
relier *v* to match up, to link
répéter *v* to repeat
réponse *nf* answer
reportage *nm* report (**faire un reportage** do a report)
rétroprojecteur *nm* overhead projector
rhinocéros *nm* rhinoceros
rue *nf* street

sS
sais, je sais I know (**je ne sais pas** I don't know)

sale *adj* dirty
salle *nf* room
sandwich *nm* sandwich (**un sandwich au jambon** a ham sandwich)
sauver *v* to save (**sauvez!** save!)
sciences *nfpl* science
séjour *nm* lounge
semaine *nf* week
seul alone, single
shopping *nm* shopping
short *nm* shorts
silence *nm* silence
sœur *nf* sister
soif thirsty (**avoir soif** to be thirsty)
soir *nm* evening
sont *v* see être
sortir *v* to go out
souris *nf* mouse
souvent often
sport *nm* sport
stade *nm* stadium
stand *nm* stand
stylo *nm* pen
sud *nm* south (**dans le sud** in the south)
sud-est *nm* south-east (**dans le sud-est** in the south-east)
sud-ouest *nm* south west (**dans le sud-ouest:** in the south-west)
suis *v* see être
suivre *v* to follow (**suivez** follow)

tT
T-shirt *nm* T-shirt
ta *possessive f* your
table *nf* table
tennis *nm* tennis
tennis de table *nm* tennis (**jouer au tennis de table** to play table tennis)
tes *possessive mpl/fpl* your
thé *nm* tea
théâtre *nm* theatre (**aller au théâtre** to go to the theatre)
tigre *nm* tiger
toi *pron* you (**à toi** yours, your turn)
ton *possessive m* your
tortue *nf* tortoise (**tortue de mer** turtle)
tout, **tous**, **toute**, **toutes** all, every (**tous les jours** everyday; **tout seul/toute seule** all on my own)
tranche *nf* slice
travailler *v* to work
trousse *nf* pencil case
trouver *v* to find (**je trouve ça …** I find this …)

uU
unique *adj* only
utiliser *v* to use

vV
va, **vais**, **vas** *v* see aller
vélo *nm* bicycle (**faire du vélo** to go cycling)
vérifier *v* to check
vert *adj* green
vidéo *nf* video
village *nm* village
ville *nf* town
vouloir *v* to want (**je voudrais** I would like)

wW
W.-C. *nmpl* toilets

zZ
zoo *nm* zoo

cent cinquante-trois

English – French

aA
able (to be able) v pouvoir
adore v adorer
Africa n Afrique f
afternoon n après-midi m
against prep contre
age n âge m
all tout, toute, tous, toutes (**all on my own** tout seul/toute seule; **alone** seul)
America Amérique n (**north America** Amérique du nord)
amusing adj amusant
animal n animal m
annoy v embêter (**... is annoying me** ... m'embête)
answer n réponse m
Antarctica n Antarctique m
apartment n appartement m
apple n pomme f
article n article f (**to write an article** écrire un article)
Asia n Asie f
ask v demander, interroger, poser des questions
athletics n athlétisme m
Australasia n Australasie f

bB
bad adj mauvais
ball n balle f
basketball n basket m
be v être
bear n ours m (**teddy bear** n nounours m)
because conj parce que
bed n lit m
bedroom n chambre f
begin v commencer
big adj grand
bird n oiseau m
birthday n anniversaire m
black adj noir
blue adj bleu
book n livre m
boring adj ennuyeux
bottle n bouteille f
breakfast n déjeuner m
brother n frère m
but conj mais

cC
cage n cage f
calculate v calculer
calculator n calculette f
call v appeler (**to be called** v s'appeler)
cassette n cassette f
cat n chat m
chair n chaise f
check v vérifier
cheese n fromage m (**a cheese sandwich** un sandwich au fromage)
chest of drawers n commode f
chicken n poule m
chocolate roll n pain au chocolat m
church n église f
cinema n cinéma m

clean adj propre
close v fermer
coca cola n coca m
coffee, **café** n café m
cold adj froid
complete v compléter
computer n ordinateur m
computer studies informatique f (**to do computer studies** faire de l'informatique)
condition n condition f
contact v contacter
continue v continuer
copy v copier, recopier
country, **countryside** n campagne f
crisps n chips fpl
croissant n croissant m
cupboard n placard m
cut out v découper
cycling, **to go cycling** faire du vélo

dD
dance v danser
dancing n danse f
danger n danger m
day n jour m
delicious adj délicieux
depend v dépendre (**it depends** ça dépend)
dictionary n dictionnaire m
difficult adj difficile
dirty adj sale
disgusting adj dégoutant
DIY v bricoler
do you? est-ce que?
dog n chien m
door n porte f
draw v dessiner
drawing, **art** n dessin m
drink v boire

eE
eagle n aigle m
east n est m (**in the east** dans l'est)
easy adj facile
eat v manger
egg n œuf m
English adj anglais (**nationality**); n anglais m (**language/subject**)
Europe n Europe f
evening n soir m
evening meal n dîner m
every adj tout, toute, tous, toutes (**everyday** tous les jours)
exercise n exercice f
exercise book n cahier f

fF
famous person n célébrité f
farm n ferme f
find v trouver (**I find this ...** je trouve ça ...)
finish v finir
fish n poisson m
fishing n pêche f (**to go fishing** aller à la pêche)
flat n appartement m
follow v suivre
football n foot m (**to play football** jouer au foot)
for, **in favour** prep pour
forget v oublier
France n France f
French adj (n) français (m)

friend n copain m copine f
frog n grenouille f
fruit n fruit m

gG
game n jeu m (**electronic game** n jeu électronique m; **gameboy** n gameboy m; **memory game** n jeu de memoire m)
garage n garage m
garden n jardin m
geography n géo(graphie) f
get out v sortir
girl, **daughter** n fille f
give v donner
globe n globe m
go v aller
golf n golf m (**to play golf** jouer au golf)
good adj bon
goodbye n au revoir m
gorilla n gorille m
gramme n gramme f
Great Britain n Grande-Bretagne f
great adj génial
green adj vert
grey adj gris
group n groupe m
guess v deviner
guitar n guitare f
gymnasium n gymnase m
gymnastics n gymnastique f

hH
half demi (**half brother** n demi-frère m; **half sister** n demi-sœur f)
ham n jambon m (**a ham sandwich** un sandwich au jambon)
hamster n hamster f
hate, **dislike** v détester
have (to possess) v avoir, **take** v prendre
hello, **good morning**, **good afternoon** bonjour
here adv là
history n histoire f
horror n horreur (**that's awful!** quelle horreur!)
horseriding n équitation f (**to go horseriding** faire de l'équitation)
hospital n hôpital m
hot adj chaud
hour, **time** n heure f (**six o'clock** six heures, **at what time?** à quelle heure?)
house n maison f
how? adv comment?
hungry faim (**to be hungry** avoir faim)
hyena n hyène f

iI
idea idée f
in prep dans, en
instruction instruction f
interesting adj intéressant
invite v inviter
Ireland n Irlande f

jJ
jeans n jean m
judo n judo m (**to do judo** faire du judo)
jumper n pull m

kK
kilo n kilo m
kitchen n cuisine f
kiwi n kiwi m
know v savoir

154 cent cinquante-quatre

Vocabulaire – Vocabulary

lL
lab *n* labo *m*
lemonade *n* limonade *f*
lend *v* prêter
leopard *n* guépard *m*
library *n* bibliothèque *f*
like *v* aimer
listen to *v* écouter
live *v* habiter
llama *n* lama *m*
look at *v* regarder
look for *v* chercher
lottery *n* loterie *f*
love *v* aimer
lounge *n* séjour *m*

mM
make, **do** *v* faire (**to make up** *v* inventer)
map, **card** *n* carte *f*
match up, **link** *v* relier
maths, **mathematics** *n* math(ématique)s *fpl*
me *pron* moi
midday meal *n* déjeuner *m*
milk shake *n* milk shake *m*
mind (**I don't mind** ça m'est égal)
mineral water *n* eau minérale *f*
mint and lemonade drink *n* diabolo menthe *m*
minute *n* minute *f*
Miss mademoiselle
monument *n* monument *m*
morning matin *m*
mountain *n* montagne *f*
mouse *n* souris *f*
Mr monsieur
Mrs madame
music *n* musique *f*
my *possessive* mon, ma, mes

nN
name *n* nom *m*
no non
noon midi *m*
north *n* nord *m* (**in the north** dans le nord)
north west *n* nord-ouest *m* (**in the north-west** dans le nord-ouest)
north east *n* nord-est *m* (**in the north-east** dans le nord-est)
notebook *n* carnet *m*

oO
of de (**of the** du *m*)
often souvent
OK d'accord
old *adj* vieux, vieille (**how old are you?** tu as quel âge?)
only *adj* unique (**only son** *n* fils unique *m*; **only daughter** *n* fille unique *f*)
open *v* ouvrir
or *conj* ou
organise *v* organiser
overhead projector *n* rétroprojecteur *m*

pP
page *n* page *f*
panda *n* panda *m*
paper *n* papier *m*
park *n* parc *m*
partner *n* partenaire *m/f*
pen *n* stylo *m*
pencil *n* crayon *m*
pencil case *n* trousse *f*
personal stereo *n* baladeur *m*
picnic *n* pique-nique *m*
pizza *n* pizza *f*
play *v* jouer
please s'il te plaît/s'il vous plaît
pollution *n* pollution *f*
poster *n* affiche *f*, poster *m*
prefer *v* préférer
prepare *v* préparer
protect *v* protéger (**protect!** protégez!)

rR
rabbit *n* lapin *m*
racket *n* raquette *f*
radio *n* radio *f*
read *v* lire
record *v* enregistrer
repeat *v* répéter
report *n* reportage *m*
rhinoceros *n* rhinocéros *m*
room *n* salle *f*
rubber *n* gomme *f*
ruler *n* règle *f*
run *v* courir

sS
safari park *n* parc safari *m*
sandwich *n* sandwich *m* (**ham sandwich** sandwich au jambon, **toasted sandwich** *n* croque-monsieur *m*)
save *v* sauver (**save!** sauvez!)
science *n* sciences *fpl*
Scotland *n* Ecosse *f*
screen *n* écran *m*
seaside *n* mer *f*
shelf *n* étagère *f*
shirt *n* chemise *f*
shop *n* magasin *m* (**to go shopping** faire les magasins)
shopping *n* shopping *m*
shorts *n* shorts *m*
show *v* montre
silence *n* silence *m*
sing *v* chanter
single *adj* seul
sit down *v* asseyez-vous
skirt *n* jupe *f*
sleep *v* dormir (**he sleeps** il dort)
slice *n* tranche *f*
snack *n* casse-croûte *m* (**mid-afternoon snack** *n* goûter *m*)
sœur *n* sister *f*
south *n* sud *m* (**in the south:** dans le sud)
south-east *n* sud-est *m* (**in the south-east** dans le sud-est)
south-west *n* sud-ouest *m* (**in the south-west** dans le sud-ouest)
speak *v* parler
spider *n* araignée *f*
sport *n* sport *m*
stadium *n* stade *m*
stand *n* stand *m*
start again *v* recommencer
start, **begin** *v* commencer
step brother, **half brother** *n* demi-frère *m*
step sister, **half sister** *n* demi-sœur *f*
stop *v* arrêter
street *n* rue *f*
sweet *n* bonbon *m*
swimming pool *n* piscine *f*
swimming *n* natation *f* (**to go swimming** faire de la natation)

tT
T-shirt *n* T-shirt *m*
table *n* table *f*
tape recorder *n* magnéto(phone) *m*
tea *n* thé *m*
teacher *n* prof, professeur *m*
teddy bear *n* nounours *m*
tennis *n* tennis *m* (**to play tennis** jouer au tennis)
thank you merci
that ce, ça
the *article* la *f*, le *m*, les *pl*
theatre *n* théâtre *m* (**to go to the theatre** aller au théâtre)
there là
there is, **there are** il y a (**there is not**, **there are not** il n'y a pas)
thirsty *adj* soif (**to be thirsty** avoir soif)
this *pron* ce/ça
tiger *n* tigre *m*
time fois *f* (**once a week** une fois par semaine)
tiring *adj* fatigant
to à
toilets *n* W-C. *mpl*
tortoise *n* tortue *f*
town *n* ville *f*
tree *n* arbre *m*
trousers *n* pantalon *m*
turtle *n* tortue de mer *f*

uU
understand *v* comprendre (**I don't understand** je ne comprends pas)
unpleasant *adj* désagréable
use *v* utiliser

vV
video *n* vidéo *f*
village *n* village *m*

wW
Wales *n* Pays de Galles *m*
walk *n* promenade *f* (**to go for a walk** faire une promenade)
wall *n* mur *m*
want *v* vouloir
war *n* guerre *f*
wear/put *v* mettre
week *n* semaine *f*
west *n* ouest *m* (**in the west** dans l'ouest)
whale *n* baleine *f*
what? qu'est-ce que? (question: quoi?,
when? quand? (**when is...?** c'est quand...?)
where? *adv* où?
which, **what** quel, quels, quelle, quelles
white *adj* blanc
who qui
window *n* fenêtre *f*
with *prep* avec
work *v* travailler
would (**I would like** je voudrais)
write *v* écrire

yY
yellow *adj* jaune
yoghurt *n* yaourt *m*
you *pron* toi (**yours**, **your turn** à toi)
your *possessive* ton, ta, tes
youth club club des jeunes *m*

zZ
zoo *n* zoo *m*

cent cinquante-cinq

La date

JOUR	NUMÉRO	MOIS	
lundi	premier	janvier	juillet
mardi	deux	février	août
mercredi	trois	mars	septembre
jeudi	quatre	avril	octobre
vendredi	cinq	mai	novembre
samedi	six	juin	décembre
dimanche	sept		
	huit		
	neuf		
	dix		
	etc.		

Aujourd'hui, on est (mercredi) (trois) (juin)

Vocabulaire pour la classe – Classroom language

Les instructions – Classroom language

Changez de partenaire	Change your partner
Cherche dans le dictionnaire	Look for/look up in the dictionary
Commence/Commencez	Complete
Complète/Complétez la grille	Complete the grid
Copie/Copiez	Copy
Découpe	Cut out
Demande à ton prof	Ask your teacher
Dessine	Draw
Donne les réponses	Give the answers
Ecoute/Ecoutez	Listen
Ecris	Write
Interroge la classe	Ask questions around the class
Invente une activité	Make up an activity
Lis/Lisez	Read
Mets les mots dans le bon ordre	Place the words in the correct order
Montre la bonne photo	Point to the correct photo
Note/Notez les réponses	Note the answers
Prenez un dé	Take a die/dice
Recommence/Recommencez	Start again
Recopie par ordre de préférence	Copy in order of preference
Relie les chiffres et les lettres	Match up the numbers and the letters
Répète/Répètez	Repeat/Say again
Travaille/Travaillez en groupe	Work in a group

Asking for help – Au secours

How do you spell it?	Comment ça s'écrit?
How do you say ... in French?	Comment dit-on ... en français?
I don't understand	Je ne comprends pas
I have forgotten my book/ my exercise book	J'ai oublié mon livre/ mon cahier
It's there	C'est là
May I move?	Je peux changer de place?
May I go to the toilets?	Je peux aller aux toilettes?
Pardon? Repeat, please	Comment?
Paul/A friend is annoying me	Paul/Un copain m'embête
Repeat, please	Répétez s'il vous plaît
What is it in English?	C'est quoi en anglais?
What exercise is it?	C'est quel exercice?
What is it in French?	C'est quoi en français?
Where is it?	C'est où?

Playing games – On joue

Are you starting?	Tu commences?
Carry on	Continue
Cheat!	Tricheur/Tricheuse!
Guess	Devine
It's my turn	C'est à moi
OK	D'accord
Start	Commence
Take the die/dice	Prends le dé
Wait (a bit)	Attends (une minute)
Who starts?	Qui commence?
Whose turn is it?	C'est à qui?

156 cent cinquante-six